2017 职业资格考试辅导丛书

Gonglu Shuiyun Gongcheng Shiyan Jianceshi Kaoqian Chongci Moni Shiti

公路水运工程试验检测师考前冲刺模拟试题

Gonggong Jichu + Jiaotong Gongcheng

（公共基础 + 交通工程）

本书编委会　编

人民交通出版社股份有限公司
China Communications Press Co.,Ltd.

内 容 提 要

本书依据2016年版《公路水运工程试验检测专业技术人员职业资格考试大纲》及考试用书相关要求编写，主要包括3套"公共基础"科目和3套"交通工程"科目模拟试题，并附有参考答案及解析。

本书可供报考公路水运工程试验检测师"交通工程"专业科目的广大考生参考使用。

图书在版编目(CIP)数据

公路水运工程试验检测师考前冲刺模拟试题. 公共基础+交通工程／《公路水运工程试验检测师考前冲刺模拟试题(公共基础+交通工程)》编委会编. —北京：人民交通出版社股份有限公司，2017.8

ISBN 978-7-114-14086-0

Ⅰ.①公… Ⅱ.①公… Ⅲ.①交通工程—试验—资格考试—习题集 ②交通工程—检测—资格考试—习题集 Ⅳ.①U41-44②U61-44

中国版本图书馆CIP数据核字(2017)第194295号

书　　名：**公路水运工程试验检测师考前冲刺模拟试题**(公共基础+交通工程)
著 作 者：本书编委会
责任编辑：李　沛
出版发行：人民交通出版社股份有限公司
地　　址：(100011)北京市朝阳区安定门外外馆斜街3号
网　　址：http://www.ccpress.com.cn
销售电话：(010)59757973
总 经 销：人民交通出版社股份有限公司发行部
经　　销：各地新华书店
印　　刷：北京鑫正大印刷有限公司
开　　本：787×1092　1/16
印　　张：7.5
字　　数：148千
版　　次：2017年8月　第1版
印　　次：2017年8月　第1次印刷
书　　号：ISBN 978-7-114-14086-0
定　　价：36.00元

前　言

随着我国交通建设事业的快速发展，为了加强公路水运建设项目管理，规范施工过程中试验检测行为，提高试验检测队伍的整体素质和专业技术水平，确保公路水运工程试验检测工作质量，原交通部自1998年以来陆续颁布了《公路水运工程试验检测人员资质管理暂行办法》《公路水运工程试验检测管理办法》和《公路水运工程试验检测人员考试办法》等系列规章制度，启动了公路水运工程试验检测人员从业资格管理。2007年，原交通部基本建设质量监督总站以省为单位组织了公路水运工程试验检测人员业务考试；2009年以来，交通运输部工程质量监督局会同交通运输部职业资格中心，在全国范围内先后组织了六次公路水运工程试验检测人员统一考试。

2015年6月23日，人力资源和社会保障部、交通运输部联合印发了《关于印发〈公路水运工程试验检测专业技术人员职业资格制度规定〉和〈公路水运工程试验检测专业技术人员职业资格考试实施办法〉的通知》（人社部发〔2015〕59号），标志着公路水运工程试验检测专业技术人员水平评价类国家职业资格制度正式设立。

2017年度公路水运工程试验检测专业技术人员职业资格考试定于11月18日、19日举行。为了满足广大考生在考前冲刺阶段复习需要，本书依据考试大纲及考试用书相关要求而编写，包括助理试验检测师、试验检测师两个级别。各级别均按照考试科目设置情况为三个分册，即《公共基础＋道路工程》《公共基础＋桥梁隧道工程》《公共基础＋交通工程》。

本书为《公共基础＋交通工程》分册，主要包括3套“公共基础”科目和3套“交通工程”科目模拟试题，并附有参考答案及解析，可供报考公路水运工程试验检测师“交通工程”专业科目的广大考生考前模拟自测使用。

本书编写人员分工如下：重庆交通大学张祖棠负责“公共基础”科目；湖南大学吴建新负责“交通工程”科目。

书中难免有疏漏和不当之处，请各位考生提出宝贵意见和建议，以便修订时参考。

本书编委会

2017年7月

目　　录

第一部分　公 共 基 础

模拟试题一

说明:1. 本模拟试题设置单选题40道、判断题30道、多选题25道,总计120分;模拟自测时间为120分钟。

2. 本模拟试题仅供考生进行考前自测使用。

一、单项选择题(下列各题中,只有一个备选项最符合题意,请填写最符合题意的一个备选项,选错或不选不得分。每题1分。)

1. 随机误差源于(　　)。

A. 仪器误差　　B. 人为误差

C. 试剂误差　　D. 不能预料的原因

2. 试验检测用的仪器设备应(　　)来表明其检定或校准的状态。

A. 分类编号　　B. 使用彩色标识

C. 采用唯一性标识　　D. 按照用途存放

3. 检验检测机构的技术记录应包括负责抽样的人员、从事各项检测和校准的人员和结果校核人员的(　　)。

A. 印章　　B. 签字　　C. 标志　　D. 签名

4. 数字45^{+2}_{-3}代表(　　)。

A. 小于47的值均符合要求

B. 大于47的值均符合要求

C. 介于42~47的值均符合要求

D. 介于42~47且包含42和47的值均符合要求

5. 根据标准物质的定义,下列物质中属于标准物质的有(　　)。

A. 用于压实度检测的标准砂

B. 用于石灰检测的标准盐酸试剂

C. 用于水泥细度筛标定的标准粉

D. 用于外加剂检测的标准水泥

6. 下列选项中,不属于对检测报告格式要求的是( )。

A. 不准用铅笔书写　　B. 不准随意更改

C. 采用统一字体大小和仿宋体　　D. 采用统一的封面格式

7.《危险化学品安全管理条例》自( )起施行。

A. 2012 年 1 月 1 日　　B. 2011 年 12 月 1 日

C. 2011 年 10 月 25 日　　D. 2011 年 2 月 16 日

8. 修约 97.34,修约间隔为 1,正确的是( )。

A. 97　　B. 97.3　　C. 97.4　　D. 98

9. 检测机构被评为丙级后须满( )年且具有相应的试验检测业绩后,方可申报上一等级的评定。

A. 4　　B. 3　　C. 2　　D. 1

10. 检验检测机构管理评审的组织者是( ),管理评审的目的是就质量方针和目标,对质量体系的现状和适应性进行正式评审。

A. 技术负责人　　B. 质量负责人

C. 最高管理者　　D. 质量主管

11. 甲级试验检测机构配备试验检测人员中,下列不属于对技术负责人要求的是( )。

A. 具备质量负责人资格　　B. 持试验检测师证书

C. 8 年以上试验检测工作经历　　D. 相关专业高级职称

12. 未取得( )的检验检测机构,不得开展产品质量检验工作。

A. 合法证书　　B. 资格认定证书

C. 产品合格证书　　D. 计量合格证书

13.《公路水运工程试验检测机构等级证书》的有效期为( )年。

A. 3　　B. 7　　C. 5　　D. 1

14. 制定《计量法》的目的是( )。

A. 加强质量管理　　B. 保障生产安全

C. 保障量值的准确可靠　　D. 维护生产秩序

15. 用于校准的设备,其自身的误差应小于或等于被测设备最大允许误差绝对值的( )。

A. 1/5　　B. 1/6　　C. 1/3　　D. 1/2

16. 确认校准后仪器设备是否满足要求的依据是( )。

A. 校准规范　　B. 校准规程

C. 作业指导书　　D. 设备说明书

17. 下列关于选择试验检测仪器设备期间核查标准的说法,错误的是( )。

A. 若存在合适的比较稳定的实物量具，就可以作为核查标准

B. 若存在合适的比较稳定的被测物品，也可选用一个被测物品作为核查标准

C. 机构应对所有在用仪器设备开展期间核查，尤其是那些性能稳定，使用频率不高，不易损坏的仪器设备更需要进行期间核查

D. 若对于某个仪器设备，不存在可作为核查标准的实物量具或稳定的被测物品，则可不进行期间核查

18. 下列选项中，(　　)不属于实验室检测/校准报告证书中的印章符号。

A. CNAS　　B. CMA　　C. CAL　　D. CMC

19. 授权签字人是指签发报告的人，应是(　　)。

A. 检测机构的最高管理者

B. 检测机构的技术负责人

C. 检测机构的质量负责人

D. 由检测机构推荐经评审部门考核合格的人

20. 设备比对应具备的条件不包括(　　)。

A. 相同的操作者　　B. 类似的被测对象

C. 相同的地点　　D. 相同的测量系统

21. 质监机构实施监督检查时，不会采取的措施有(　　)。

A. 进入检测机构的工作场地现场抽查

B. 约谈机构负责人、暂停机构检测活动

C. 责令即时改正或限期整改

D. 查阅、记录、复制与检查相关的事项和资料

22. 由于工期紧，客户要求检测机构缩短标准、规范规定的样品养生时间或样品静置时间完成检测项目时，应做以下(　　)处理。

A. 不接受客户的要求　　B. 依据采用非标准方法程序

C. 依据允许偏离的程序　　D. 依据不符合检测工作的程序

23. 检验检测机构为查找问题的根本原因，实施纠正措施应从(　　)开始。

A. 分析　　B. 调查　　C. 检查　　D. 评审

24. 试验检测师应当通过(　　)专业科目的考试。

A. 任意一门　　B. 2门或2门以上

C. 至少3门　　D. 全部5门

25. 双学士学位研究生申报试验检测师，需毕业后累计从事试验检测工作(　　)年以上。

A. 2　　B. 3　　C. 4　　D. 5

26. 按照《检验检测机构资质认定管理办法》(质检总局令第163号)规定，检验检测机构

资质认定标志,由 China Inspection Body and Laboratory Mandatory Approval 的英文缩写 CMA 形成的图案和由一些代码组成的资质认定证书 12 位编号构成。下面选项中,不属于编号代码内容的是(　　)。

A. 发证年份代码　　B. 发证机关代码

C. 发证省别代码　　D. 专业领域类别代码

27. 实验室每年至少开展一次内部审核,需增加内审次数的情况为(　　)。

A. 实验室搬迁　　B. 增加新人员

C. 业务范围扩大　　D. 有客户投诉

28. 依据《公路试验检测数据报告编制导则》的规定,下列不属于试验检测报告基本信息区内容的是(　　)。

A. 报告编号　　B. 工程名称

C. 试验依据　　D. 判定依据

29. 检验检测机构自被撤销资质认定之日起(　　)年内,不得再次申请资质认定。

A. 1　　B. 2　　C. 3　　D. 5

30. 有关仪器设备检定校准状态标识的使用,正确的做法是(　　)。

A. 仪器设备的校准的多个参数中,其中有一个参数误差通过修正后满足要求,其余参数均满足要求,该设备加贴绿色标识

B. 仪器设备的校准的多个参数中,其中有一个参数误差通过修正后满足要求,其余参数均满足要求,该设备合格部分加贴绿色标识,有修正部分贴黄色标识

C. 仪器设备校准的多个参数中,其中有一个参数误差通过修正后满足要求,其余参数的标准误差均符合要求,该设备加贴黄色标识

D. 仪器设备校准的多个参数中,其中有一个参数误差通过修正后满足要求,其余参数的标准误差均符合要求,该设备加贴红色标识

31. 检验检测机构的资质认定是法律法规规定的(　　)行为。

A. 管理　　B. 强制性

C. 自愿　　D. 第三方

32. 校准结果既可给出被测量的示值,又可以确定示值的(　　)。

A. 精密度　　B. 偶然误差

C. 修正值　　D. 系统误差

33. 实验室应建立和维持程序来控制构成其(　　)的所有文件。

A. 质量体系　　B. 管理体系

C. 文件体系　　D. 文件程序

34. 实验室所有的记录应予以安全保护和(　　)。

A. 存档　　B. 维护　　C. 保密　　D. 监督

35. 在某些技术领域，如(　　)中要求从事某些工作的人员持有个人资格证书，检验检测机构有责任满足这些专门人员的持证上岗要求。

A. 无机结合料检测　　B. 水泥检测

C. 路面检测　　D. 结构无损检测

36. 资质认定的评审内容包括以下哪几个方面(　　)。

①组织机构；②仪器设备；③检测工作；④人员；⑤环境；⑥工作制度；⑦检测报告

A. ①②④⑤⑥⑦　　B. ①②③④⑤⑦

C. ①②③④⑥⑦　　D. ①②③④⑤⑥

37. 检验检测机构可以分包的情形是(　　)。

A. 不具备检测能力　　B. 工作量大，时间要求紧的

C. 出口检验项目　　D. 仪器设备使用频次低的项目

38. 选择合格仪器设备的供应商服务单位时，一般应评价其(　　)。

A. 售后服务水平　　B. 产品价格

C. 产品质量　　D. 单位规模

39. (　　)是检验检测机构合同评审的结果。

A. 检测报告　　B. 检定证书

C. 程序文件　　D. 检测委托书

40. 公路水运检测机构的工地试验室设立实行(　　)。

A. 报批备案制　　B. 登记备案制

C. 批准备案制　　D. 报批登机制

二、判断题(请对下列题述观点正确与否进行判断，判断准确得分，否则不得分。每题1分。)

1. 测量正确度是无穷多次重复测量所得量值的平均值与一个参与量值之间的一致程度。

(　　)正确　　(　　)不正确

2. 实验室开展新项目时，应组织比对验证试验进行能力确认。

(　　)正确　　(　　)不正确

3. 扩展不确定度是由合成标准不确定度的倍数表示的测量不确定度。

(　　)正确　　(　　)不正确

4.《公路水运工程试验检测信用评价办法(试行)》对试验检测机构信用评价划分为五个等级。

(　　)正确　　(　　)不正确

5. 比对是在规定的条件下,对相同类型的准确度等级或指定不确定度范围的同种测量仪器复现的量值之间比较的过程。

(　　)正确　　　　(　　)不正确

6. 系统误差可利用修正值进行补偿,这种补偿并不完全。

(　　)正确　　　　(　　)不正确

7. 工程建设项目同一合同段中的施工和监理单位不得将外委试验委托给同一检测单位。

(　　)正确　　　　(　　)不正确

8. 为了评定计量器具的技术特性,计量检定规程规定了检定参数和范围。

(　　)正确　　　　(　　)不正确

9. 如果试验检测机构承接的检测参数既未通过等级评定也未通过计量认证的,就属于超业务范围,检测机构不可以出具报告。

(　　)正确　　　　(　　)不正确

10. 检测机构存在多个试验场所时,其每个分场所都需建立各自的质量体系。

(　　)正确　　　　(　　)不正确

11. 连续 2 年被评为信用较差的人员,其信用等级直接按很差发布,并列入黑名单。

(　　)正确　　　　(　　)不正确

12. 试验检测人员参加继续教育是个人行为,与所在的试验检测机构无关。

(　　)正确　　　　(　　)不正确

13. 工地试验室非授权助理试验检测师需注册登记在母体检测机构。

(　　)正确　　　　(　　)不正确

14.《公路试验检测数据报告编写导则》记录中的复核人与报告的审核人需具备检测试验检测师资格。

(　　)正确　　　　(　　)不正确

15. 客户以口头形式表达的投诉,实验室应该记录归档。

(　　)正确　　　　(　　)不正确

16. 强制检定的计量标准和强制检定的工作计量器具,统称为强制检定的计量器具。

(　　)正确　　　　(　　)不正确

17. 交通行业试验室的所有试验检测设备都必须依法送检定或校准。

(　　)正确　　　　(　　)不正确

18. 母体检测机构上年度信用评价等级在 C 级以上的检测机构不宜作为授权设立工地试验室的母体检检机构。

(　　)正确　　　　(　　)不正确

19. 检测机构参加交通运输部组织的比对试验,连续 2 次(或 2 年)出现“不满意”结果时,则要降低机构等级。

(　　)正确　　　　　　　　　　(　　)不正确

20. 公路水运试验检测机构换证复核不合格的，由质监机构责令进行整改，整改期内，可承担质量评定和工程验收的试验检测业务。

(　　)正确　　　　　　　　　　(　　)不正确

21. 规范是对某一阶段或某种结构的某项任务的目的、技术内容、方法、质量要求等作出的系列规定。

(　　)正确　　　　　　　　　　(　　)不正确

22. 试验检测师应当通过公共基础科目和至少一门专业科目的考试可以取得上岗证书，高级工程师免考公共基础。

(　　)正确　　　　　　　　　　(　　)不正确

23. 当一台设备需对多个参数进行校准时，参数合格的部分可粘贴绿色标识，误差超出合格范围但可降级使用的部分粘贴黄色标识。

(　　)正确　　　　　　　　　　(　　)不正确

24. 测量仪器即测量设备，是用于进行测量的装置。

(　　)正确　　　　　　　　　　(　　)不正确

25. 公路水运工程试验检测专业技术人员职业资格考试合格后证书全国行业有效。

(　　)正确　　　　　　　　　　(　　)不正确

26. 根据国家有关法律、法规的规定，依据工程建设技术标准、规范、规程，对公路水运工程所用材料、构件、工程制品、工程实体的质量和技术指标等进行的试验检测活动，叫公路水运工程试验检测。

(　　)正确　　　　　　　　　　(　　)不正确

27. 对工地临时试验室进行活动的监督，只应由母体试验室进行。

(　　)正确　　　　　　　　　　(　　)不正确

28. 公路水运工程试验检测机构的等级评定和换证复核都是以书面审查为主，必要时可进行现场评审。

(　　)正确　　　　　　　　　　(　　)不正确

29. 检测机构在同一公路水运工程项目标段中，不得同时接受业主、监理、施工等三方的试验检测委托任务。

(　　)正确　　　　　　　　　　(　　)不正确

30. JTG D54—2001 可以解读为交通运输部公路工程标准 D 类第 5 种的第 4 项标准，破折号后是发布年。

(　　)正确　　　　　　　　　　(　　)不正确

三、多项选择题(在下列各题的备选答案中,有两个或两个以上的备选项符合题意,请填写符合题意的备选项,选项部分正确按比例得分,出现错误选项该题不得分,完全正确的得满分。每题2分。)

1. 质量检验的可靠性与(　　)有关。

A. 样品的规格　　B. 质量检验手段的可靠性

C. 仪器设备的量程　　D. 抽样检验方法的科学性

2. 下列申请人中,(　　)有权向省级以上质量技术监督部门提出质量鉴定申请。

A. 司法机关

B. 处理产品质量纠纷的有关社会团体

C. 产品质量争议双方当事人

D. 质量技术监督部门或者其他行政管理部门

3. 行业标准的编号由(　　)组成。

A. 国家标准代号　　B. 行业标准代号

C. 标准顺序号　　D. 年号

4. 误差就其性质而言,可分为(　　)。

A. 系统误差　　B. 随机误差

C. 综合误差　　D. 过失误差

5. 以标准正态分布为例,统计分布中常见的术语有(　　)。

A. 置信概率　　B. 置信频率

C. 置信区间　　D. 置信因子

6. 实验室应依据(　　)建立质量管理体系。

A. ISO 9000 系列质量管理体系

B. 实验室资质认定评审准则

C. ISO 18000 系列质量管理体系

D. ISO/IEC 17025 检测和校准实验室能力的认可准则

7. 服从正态分布的随机误差具有如下(　　)特点。

A. 单峰性　　B. 对称性

C. 周期性　　D. 抵偿性

8. 下列描述样品检验状态的标识,正确的是(　　)。

A. 未检　　B. 在检　　C. 检毕　　D. 强检

9. 下列哪些行为是属于违规使用行业证书(　　)。

A. 同一个人将监理证书与检测证书同时注册在不同的法人单位

B. 将已取得证书复制后使用

C. 同一个人将助理试验检测师证书与检测试验检测师证书同时分别用于不同项目的工地试验室备案

D. 同一个检测试验检测师证书注册单位和工地试验室授权书单位不一致

10. 下列哪些情况属于报告签字人不具备资格(　　)。

A. 试验助理试验检测师对记录复核签字

B. 取得公路专业试验检测试验检测师资格证书在水运工程材料报告中签字

C. 隧道专业试验检测试验检测师在基桩检测报告中签字

D. 试验检测试验检测师经母体授权负责工地试验室管理,其证书未注册登记

11. 测力环经校准,测得力值与百分表读数如下:

力值(kN)(X)	0	1	2	3	4	5
百分表读数(mm)(Y)	1.000	1.440	1.878	2.330	2.780	3.246

对校准结果确认计算正确的是(　　)。

A. $Y=2.2288X-2.2079, R^2=0.999$

B. $Y=0.4486X+0.9908, R^2=0.999$

C. $Y=2.2288X+2.2079, R^2=0.999$

D. $Y=0.4486X-0.9908, R^2=0.999$

12. 下列关于试验方法与判定标准的选择,表述正确的是(　　)。

A. 国家标准与交通行业标准并存时,优先采用交通行业标准

B. 优先采用最新发布的国家标准或交通行业标准

C. 根据判定标准选择试验方法

D. 如果交通行业标准引用了国家标准,当国家标准发生更新时,优先采用国家标准

13. 检测人员证书到期,发证部门应对其(　　)进行审核后,方可决定是否允许其继续从事检测活动。

A. 参加继续教育情况

B. 参加能力验证情况

C. 信用记录

D. 业绩

14. 为保证检测结果客观准确,常用的结果质量控制方法有(　　)。

A. 使用有证标准物质

B. 人员比对

C. 设备比对

D. 留样再测

15. 安全生产费用可以用于(　　)。

A. 购买灭火器材、消防设施和设置消防通道

B. 购买安全帽、防护服、防毒面具等

C. 生产条件的改善

D. 人员的安全培训

16. 下列情况属于自校准的是(　　)。

A. 试验室人员对自用试模的校准

B. 全站仪开机时的设备自我校准

C. 设备厂家对提供的无溯源证书的标准样品的校准

D. 试验室对设备进行期间检查

17. 载重为 8 吨的汽车采用重力表述,下列选项中错误的是(　　)。

A. 8t　　B. 79kN　　C. 8kN　　D. 800kN

18. 下列关于试验检测报告用章,表述正确的有(　　)。

A. 通过 CMA 认证但等级证书中未批准的参数,报告左上角应加盖"CMA"标识

B. 通过计量认证的参数,加盖"CMA"印章标识在报告的右上角

C. 等级证书中未批准且未通过 CMA 认证的参数,报告不加盖任何标识

D. 通过 CMA 认证并在等级证书中批准的参数,报告左上角应加盖"CMA"标识,报告右上角应加盖等级证书标识"J"

19. 当出现下列(　　)情况时,试验检测机构的原等级证书失效。

A. 等级证书到期未按规定期限申请换证核查

B. 换证复核时被注销等级证书

C. 试验检测机构将业务转包、违法分包的

D. 试验检测机构法人、技术负责人、质量负责人发生变更后未办理相应手续

20. 自校准的设备应满足下列哪些条件(　　)。

A. 使用频率较高的设备

B. 使用环境恶劣的

C. 设备厂家提供了无溯源证书的标准样品

D. 设备自带校准程序

21. 工地试验室标准化建设的核心不包括(　　)。

A. 质量管理信息化　　B. 检测工作智能化

C. 硬件建设标准化　　D. 数据报告标准化

22. 试验室所用的烘箱在示值为 105℃处的实测值为 108℃,烘箱在此处的相对误差错误的是(　　)。

A. 2.86%　　B. −3℃　　C. −2.86%　　D. 3℃

23. 下列选项中,属于系统抽样的有(　　)。

A. 定位系统抽样　　B. 等距抽样

C. 散料抽样　　D. 分层抽样

24. 在能力验证活动中,对于定性数据和半定量结果的评价结论一般表述为(　　)。

A. 差　　B. 满意　　C. 优秀　　D. 离群

25. 以下物质中,属于标准物质的有(　　)。

A. 外加剂试验用基准水泥　　B. 筛孔标定用标准粉

C. 石灰试验用标准盐酸　　D. 标准砂

模拟试题二

说明:1. 本模拟试题设置单选题40道、判断题30道、多选题25道,总计120分;模拟自测时间为120分钟。

2. 本模拟试题仅供考生进行考前自测使用。

一、单项选择题(下列各题中,只有一个备选项最符合题意,请填写最符合题意的一个备选项,选错或不选不得分。每题1分。)

1. 下列说法中正确的是(　　)。

A. 标准偏差大,变异系数亦大

B. 变异系数大,样本数据的波动性就大

C. 标准偏差反映样本数据的相对波动状况

D. 变异系数大,标准偏差亦大

2. (　　)为国际单位制单位。

A. 海里　　B. 分贝　　C. 千克　　D. 吨

3. 检验检测机构应具有安全处置、运输、存放、使用和有计划维护(　　)的程序,以确保其功能正常并防止污染或性能退化。

A. 测量系统　　B. 测量数据

C. 测量设备　　D. 校准设备

4. (　　)是我国法定计量单位。

A. 升　　B. 毫升　　C. 尺　　D. 克

5. 要实施盲样管理,样品标识中不得出现的信息是(　　)。

A. 样品名称　　B. 样品编号

C. 委托方的信息　　D. 规格及型号

6. 根据《计量法》的规定,法定计量单位是由(　　)承认、具有法定地位的计量单位。

A. 县级以上标准化行政主管部门　　B. 国家法律法规

C. 政府机关　　D. 计量行政主管部门

7. 检验检测机构的质量方针应该由(　　)批准正式发布。

A. 质量负责人　　B. 质量主管

C. 技术管理者　　D. 最高管理者

8. 计量认证的专业类别代码中,代表交通的是(　　)。

A. R　　B. N　　C. P　　D. Y

9. CMA 是(　　)的英文缩写。

A. 中国计量认证　　B. 国际计量认证

C. 计量合格证　　D. 计量资格证

10. 实验室质量管理体系文件自发布后,至少运行(　　)个月,才能进行计量认证评审。

A. 1　　B. 3　　C. 6　　D. 12

11. 负责公路水运工程试验检测机构乙级等级评定的机构是(　　)。

A. 省(市)级质量监督局　　B. 国务院主管部门

C. 交通运输部质监总站　　D. 省(市)交通质监机构

12. 依据《公路试验检测数据报告编写导则》的要求,报告落款区的信息有(　　)。

A. 编制人　　B. 审核人

C. 试验日期　　D. 监理见证人

13. 关于等级证书复核换证的基本条件,下列表述正确的是(　　)。

A. 设备环境满足等级标准要求

B. 信用等级不得有 C 级

C. 证书有效期内开展的参数不小于 75%

D. 甲级及专项类检测机构应有高速公路和大型水运工程现场检测项目或工地试验室业绩

14. 实验室的监督人员应对(　　)进行监督。

A. 检测的整个过程　　B. 检测的某一工序

C. 检测的关键环节　　D. 随机抽取的一个环节

15. 国家法定计量单位的名称由(　　)公布。

A. 全国人大常委会　　B. 国务院计量行政部门

C. 中国计量测试学会　　D. 国务院

16. 对同样的极限数值,如果它本身符合要求,则(　　)。

A. 修约值比较法比全数值比较法相对较严格

B. 全数值比较法比修约值比较法相对较严格

C. 两者是一样的

D. 两者没有关系

17. 检验检测机构管理体系的内容是以满足(　　)的需要为准。

A. 体系要求　　B. 质量目标

C. 顾客要求　　D. 公司要求

18. 仪器设备的状态标识中,表明仪器设备存在部分缺陷,但在限定范围内可以使用的应为(　　)标志。

A. 绿色　　B. 黄色　　C. 红色　　D. 白色

19. 向社会出具具有证明作用报告的检验检测机构,其建立的质量体系应符合(　　)的要求。

A.《公路水运工程试验检测管理办法》

B.《检验检测机构资质认定管理办法》

C.《检测和校准实验室能力的通用要求》

D. ISO 9001 质量体系

20. 为确保检验检测机构文件现行有效,需要采取(　　)措施。

A. 指定专人保管文件　　B. 实验室的所有文件都加盖受控章

C. 文件必须存放在指定的地方　　D. 建立文件控制程序

21. 计量溯源是指检验检测机构确保检测结果能够溯源至(　　)的要求。

A. 国家基标准　　B. 法定计量单位

C. 国家标准　　D. 地方计量标准

22. 由下列一组实测值得出"报出值","修约值"多保留 1 位,并将其修约到个位数,表达正确的是(　　)。

序号	实测值	报出值	修约值
①	15.4726	15.5^{-}	16
②	25.5462	25.5^{+}	26
③	-18.5201	-18.5^{+}	-18
④	-14.5000	-14.5	14

A. ①②③④　　B. ①③　　C. ②③　　D. ②

23. 一般来讲,从所包括的内容上比较,检定比校准包括的内容(　　)。

A. 更少　　B. 更多

C. 一样多　　D. 选项 ABC 均不正确

24. 换证复核合格的,予以换发新的《等级证书》,证书有效期为(　　);不合格的,质监机构应当责令其在(　　)内进行整改,整改期内不得承担质量评定和工程验收的试验检测业务。

A. 3 年; 6 个月　　B. 3 年; 3 个月

C. 5 年; 6 个月　　D. 5 年; 3 个月

25. 校准是在规定的条件下,为确定仪器或测量系统所指示的量值,与对应标准复现的量值之间的关系操作,即被校的计量器具与高一级的计量标准相比较,以确定被校计量器具的示值(　　)的全部工作。

A. 合格与否　　B. 精密度　　C. 一致性　　D. 误差

26. 下列选项中,(　　)不属于《公路水运工程试验检测机构等级证书》中应当注明的关于检测机构的内容。

A. 授权签字人　　B. 项目范围　　C. 类别　　D. 等级

27. 检测是按照规定的程序,为了确定给定的产品、材料、设备、生物体、物理现象、工艺过程或服务的一种或多种(　　)的技术操作。

A. 特性或性能　　B. 重复性和复现性

C. 试验数据　　D. 性能和评定

28. 实验室技术记录应包括负责抽样的人员、从事各项检测和校准的人员和结果校核人员的(　　)。

A. 印章　　B. 签字　　C. 标志　　D. 签名

29. 检验检测机构内部审核的周期通常为(　　)。

A. 2 年　　B. 1 年　　C. 6 个月　　D. 3 个月

30. 管理评审是实验室的执行管理层根据预定的日程和程序,定期对实验室的质量体系检测和校准活动进行评审,典型的周期为(　　)。

A. 1 个月　　B. 12 个月　　C. 24 个月　　D. 不定期

31. 选择合格仪器设备的检定/校准服务单位,一般应评价(　　)。

A. 检定/校准服务实验室的规模　　B. 检定/校准服务机构的检定资质

C. 检定/校准服务实验室的性质　　D. 检定/校准服务机构的部门属性

32. 机构负责人、技术负责人等发生变更的,应当自变更之日起(　　)日内,到原发证质监机构办理变更登记手续。

A. 15　　B. 7　　C. 10　　D. 30

33. 母体试验检测机构要对工地试验室进行授权,下列不属于授权内容的是(　　)。

A. 母体试验室的设备使用权　　B. 授权工地试验室的公章

C. 授权期限　　D. 授权负责人

34.《公路水运工程试验检测人员继续教育办法(试行)》的实施时间是(　　)。

A. 2011 年 10 月 25 日　　B. 2011 年 12 月 1 日

C. 2012 年 1 月 1 日　　D. 2012 年 3 月 1 日

35. 资质认定办理时限的规定要求,受理决定必须在(　　)个工作日内作出,并且在(　　)个工作日内完成技术评审。

A. 5;30　　B. 5;20　　C. 5;45　　D. 7;45

36. 合同评审是指在合同签订之前,由检验检测机构(　　)进行的系列评审活动。

A. 检测室主任　　B. 样品管理员

C. 程序文件规定的业务人员　　D. 技术负责人

37. 下列情形中，属于轻微违法，由县级以上质量技术监督部门责令其1个月内改正，逾期未改正或者改正后仍不符合要求的，处1万元以下罚款，处罚期间仍可对外出报告的是(　　)。

A. 未按照资质认定部门要求参加能力验证或者比对的

B. 出具的检验检测数据、结果失实的

C. 超出资质认定证书规定的检验检测能力范围，擅自向社会出具具有证明作用数据、结果的

D. 非授权签字人签发检验检测报告的

38. 当检验检测机构发生资质认定检验检测项目取消情形时，应该采取的方法是(　　)。

A. 向资质认定部门申请办理变更手续

B. 自行从机构参数表内取消，并以某种形式公示

C. 自行从机构参数表内取消，并报相关部门备案

D. 自行从机构参数表内取消

39. 为保证检验检测结果的(　　)，检验检测机构应当确保其相关测量和校准结果能够溯源至国家标准。

A. 可靠性　　B. 正确性

C. 精确性　　D. 准确性

40. 检验检测机构应当建立并保持出现不符合工作的(　　)。

A. 纠正措施　　B. 偏离程序

C. 处理程序　　D. 预防措施

二、判断题(请对下列题述观点正确与否进行判断，判断准确得分，否则不得分。每题1分。)

1. 修正值等于负的随机误差估计值。

(　　)正确　　(　　)不正确

2. 报告的扉页未记录有试验检测的数据和结论，因此不记入报告的总页数。

(　　)正确　　(　　)不正确

3. 自校准是试验检测机构使用自有人员、设备及环境等条件，为保证仪器设备量值准确、可靠而开展的校准活动。

(　　)正确　　(　　)不正确

4. 工地试验室及现场检测出具虚假数据报告并造成质量标准降低的，信用评价扣100分。

( )正确 ( )不正确

5. 授权机构相同,同期在同一项目不同的路基工地试验室任试验员,属于同时受聘于两家以上的工地试验室。

( )正确 ( )不正确

6. 检测机构参加交通运输部组织的比对试验中,连续2次出现"不满意"结果,将被降低机构等级。

( )正确 ( )不正确

7. 测力环经校准,测得力值与百分表读数结果如下:

力值(kN)(X)	0	10	20	30	40	50
百分表读数(mm)(Y)	1.000	1.784	2.572	3.380	4.183	4.990

校准结果确认为 $Y = 0.0799X + 0.988, R^2 = 1$。

( )正确 ( )不正确

8. 检测机构可设立工地临时试验室,承担相应公路水运工程的试验检测业务,并对其试验检测结果承担责任。检测机构应该负责工地临时试验室的业务指导、行政管理、监督检查。

( )正确 ( )不正确

9. 母体试验检测机构取得资质认定证书,其设立的工地试验室在出具批准的认证参数的试验报告时,也可加盖 CMA 标识用章。

( )正确 ( )不正确

10. 已经检定的设备无需对其检定结果进行确认。

( )正确 ( )不正确

11. 计量确认是确保测量设备处于满足预期使用要求的状态所需要的一组操作。

( )正确 ( )不正确

12. 生产企业内部的检验检测机构也可以申请资质认定。

( )正确 ( )不正确

13. 当测试方法发生偏离时,出具的试验报告应对偏离情况作出说明,而对被检测样品不再作出合格与否结论。

( )正确 ( )不正确

14.《公路试验检测数据报告编写导则》规定了记录和报告的唯一标识编码规则。

( )正确 ( )不正确

15. 工地试验室应在其母体检测机构授权的项目及参数范围内开展检测活动,如有属规范变化而新增参数的,可以根据需要开展检测活动。

(　　)正确　　　　(　　)不正确

16. 纠正措施就是对检验检测机构发现的不符合工作立即采取纠正。

(　　)正确　　　　(　　)不正确

17. 两个独立事件 M、N 发生的概率分别为 $P(M)$、$P(N)$,则 $P(M+N)=P(M)+P(N)$。

(　　)正确　　　　(　　)不正确

18. 用于贸易结算、安全防护、医疗卫生、环境监测方面的工作计量器具,必须遵行强制检定原则。

(　　)正确　　　　(　　)不正确

19. 周期检定是按时间间隔和规定程序,对仪器设备定期进行的一种后续检定。

(　　)正确　　　　(　　)不正确

20. 能力验证提供测试样品的均匀、稳定是利用实验室间比对进行能力验证的关键。

(　　)正确　　　　(　　)不正确

21. 记录表是用来记录试验的数据和相关信息的,具有唯一性。

(　　)正确　　　　(　　)不正确

22. 对带有合格证的出厂设备进行检定校准是设备销售的需要,对保证试验检测数据准确可靠并无作用。

(　　)正确　　　　(　　)不正确

23. 扩展不确定度是合成不确定度与一个大于 1 的数字因子的乘积。

(　　)正确　　　　(　　)不正确

24. 实验室间的比对结果评价标准应由实验室根据自身的实验水平预先确定。

(　　)正确　　　　(　　)不正确

25. 外资、分支机构申请资质认定按照规定必须具备 3 年及 3 年以上在所在国或者地区从事相关检测活动的业务经历。

(　　)正确　　　　(　　)不正确

26. 只有客户以书面形式表达的对检验检测机构的检验检测服务或者数据、结果的质量或服务上的不满意或者抱怨才能叫投诉。

(　　)正确　　　　(　　)不正确

27. 检测机构的检验检测报告和原始记录归档应该留存 6 年,以保证其具有可追溯性。

(　　)正确　　　　(　　)不正确

28. 对委托检测检测报告不能有“仅对来样负责”表述。

(　　)正确　　　　(　　)不正确

29. 公路水运工程安全生产监督管理的方针是坚持“安全第一、预防为主、综合治理”。

(　　)正确　　　　(　　)不正确

30. 名为“诚信衡器”的店家不可以制造、修理简易的计量器具。

( )正确 ( )不正确

三、多项选择题(在下列各题的备选答案中，有两个或两个以上的备选项符合题意，请填写符合题意的备选项，选项部分正确按比例得分，出现错误选项该题不得分，完全正确的得满分。每题2分。)

1.《计量法》中规定的“使用不合格的计量器具”是指( )。

A. 使用的设备未经检定
B. 超过检定合格有效期的设备
C. 经检定不合格的计量器具
D. 未按规定进行期间核查的设备

2. 检测过程中使用不合格的计量器具或者破坏计量器具准确度，给国家和消费者造成损失的，除处罚款外还应( )。

A. 没收违法所得
B. 暂停涉事检测人员检测业务
C. 责令赔偿损失
D. 没收计量器具

3. 下列关于因果图的表述，错误的是( )。

A. 一种逐步深入研究和讨论质量问题的图示方法
B. 优于直方图
C. 又称特性要素图
D. 因果图可称为巴氏图

4. 国家法定计量检定机构的计量检定人员，必须具备( )的条件。

A. 经县级以上人民政府计量行政部门考核合格
B. 经县级以上人民政府计量行政部门任命
C. 取得资格证书
D. 经县级以上人民政府计量行政部门批准

5. 实验室能力验证的类型包括( )。

A. 测量对比
B. 分割样品检测对比
C. 设备对比
D. 人员对比

6. 下列选项中，( )属于组合单位。

A. 立方米 B. 秒 C. 千克 D. 每米

7. 下列选项中，( )属于试验室超业务范围进行检测活动。

A. 母体检测机构开展等级证书未批准的参数，报告加盖试验检测专用章
B. 母体检测机构开展的参数通过计量认证，报告加盖 CMA 印章
C. 工地试验室被授权的参数未在等级证书范围，但在计量认证参数范围
D. 工地试验室被授权的参数不在等级证书范围，但属于规范新增参数

8. 依据实验室评审准则,监督应重点考虑(　　)的情况。

A. 新上岗人员　　B. 设备经过维修后的项目或参数

C. 新开展的项目　　D. 标准、规范发生变化后的项目或参数

9. 抽样检验是指抽取的样品应当具有(　　)。

A. 经济性　　B. 代表性

C. 特定性　　D. 随机性

10. 工地试验室标准化建设的核心是(　　)。

A. 质量管理精细化　　B. 检测工作科学化

C. 硬件建设标准化　　D. 数据报告公正化

11. 承担公路水运工程质量事故鉴定的试验检测机构应满足以下(　　)条件。

A. 取得由交通运输主管部门颁发的《等级证书》

B. 通过计量认证

C. 通过国家实验室认可

D. 取得由交通运输主管部门颁发的甲级或者相应专项能力的《等级证书》

12. 实验室建立的管理体系要满足实验室资质认定评审准则的要求,因此要具有(　　)等特性。

A. 系统性　　B. 科学性

C. 有效性　　D. 完整性

13. 申请换证复核的试验检测机构应符合的基本条件是(　　)。

A. 上年度信用等级为 B 级以上

B. 等级证书有效期内信用等级为 C 级的次数不超过一次

C. 等级证书有效期内开始的试验检测参数应覆盖批准的所有试验检测项目且不少于批准参数的 70%

D. 具有不少于一项公路水运工程现场检测项目或设立工地试验室业绩

14. 检定/校准的对象通常为(　　)。

A. 检测设备　　B. 标准物质

C. 测量仪器　　D. 样品

15. 下列有关随机测量误差的表述,正确的是(　　)。

A. 随机测量误差的参考量值是对同一被测量由无穷多次重复测量得到的平均值

B. 随机测量误差的参考量值是对不同被测量由无穷多次重复测量得到的平均值

C. 随机测量误差等于测量误差减系统测量误差

D. 随机测量误差等于测量误差减系统测量误差的估计值

16. 下列选项中,(　　)可作为复核换证试验检测机构业绩的报告。

A. 母体机构出具的试验报告

B. 参加能力验证的项目或报告

C. 母体机构授权工地试验室出具的报告

D. 模拟试验出具的报告

17. 下列选项中,(　　)可以通过验证方式进行溯源。

A. 未经定型的专用检测仪器设备

B. 借用的永久控制范围以外的仪器设备

C. 暂不能溯源到国家基准的设备

D. 作为工具使用不传输数据的仪器设备

18. 下列对重复抽样的表述,正确的是(　　)。

A. 重复抽样属于随机抽样

B. 重复抽样能确保全部样本被抽中的概率相等

C. 重复抽样是每次从总体中随机抽取的一个样本观察后不再放回总体的一种抽样方式

D. 重复抽样是每次从总体中随机抽取的一个样本观察后重新放回总体的一种抽样方式

19. 能力验证计划的基本步骤包括(　　)。

A. 指定值的确定　　B. 能力统计量的计算

C. 能力评定　　D. 能力验证物品均匀性和稳定性的评定

20. 试验检测机构、工地试验室及现场检测项目信用评价的依据包括(　　)。

A. 各级质监机构开展的监督检查中发现的违规行为

B. 上一年度信用评价时发现的严重违规行为

C. 交通运输主管部门通报批评中的违规行为

D. 投诉举报查实的违规行为

21. 资质认定活动的管理主体是(　　)。

A. 国家认监委　　B. 县级以上质监行政部门

C. 直属检验检疫局　　D. 省(市)质监行政部门

22. 资质认定应该经过的环节包括(　　)。

A. 受理　　B. 技术评审

C. 行政审批　　D. 发证

23. 在表征硅含量(%)(极限数值为≤0.05)其测定值或者计算值按照修约值比较法修约后符合要求的值是(　　)。

A. 0.054　　B. 0.060　　C. 0.055　　D. 0.046

24. 延续证书有效期,资质认定部门可以采取书面审查和现场评审两者方式,作出是否准予延续的决定。如采用书面审查的方式延续证书,检验检测机构需要(　　)。

A. 提交相关具备资质能力的证明材料

B. 以公开方式,作出诚信承诺

C. 公布其遵守法律法规、独立公正从业、履行社会责任等情况的自我声明

D. 对自我声明的真实性负责

25. 授权签字人签发试验检测报告需确认的必要信息包括(　　)。

A. 委托单的信息

B. 原始记录与报告信息的一致

C. 试验检测人员持证是否满足要求

D. 仪器设备是否合格

模拟试题三

说明:1. 本模拟试题设置单选题40道、判断题30道、多选题25道,总计120分;模拟自测时间为120分钟。

2. 本模拟试题仅供考生进行考前自测使用。

一、单项选择题(下列各题中,只有一个备选项最符合题意,请填写最符合题意的一个备选项,选错或不选不得分。每题1分。)

1. “为社会提供公正数据的产品质量检验机构,必须经省级以上人民政府计量认证行政部门计量认证。”此规定出自( )。

A.《计量法》　　B.《计量法实施细则》

C.《标准化法》　　D.《认证认可条例》

2. 根据《检验检测机构资质认定评审准则》规定,检验检测机构的最高管理者有权批准发布( )。

A. 质量目标　　B. 质量措施

C. 质量计划　　D. 质量方针

3. 计量认证的专业类别代码中,R是代表( )。

A. 交通　　B. 建设　　C. 铁路　　D. 计量

4.《公路水运工程试验检测管理办法》(交通运输部令2016年第80号)已于2016年12月8日经第( )次部务会议通过,自2016年12月10日起施行。

A. 10　　B. 16　　C. 28　　D. 29

5. 交通质监机构在监督检查中发现检测机构有违反《公路水运工程试验检测管理办法》的行为时,不会采取的行为是( )。

A. 质监机构不再委托其承担检测业务

B. 约谈项目管理者

C. 警告

D. 限期整改

6. $5.29\times0.9259=$( )。

A. 4.89　　B. 4.90　　C. 4.898　　D. 4.8980

7. 依据有关法律法规、《检验检测机构资质认定管理办法》、《检验检测机构资质认定评审

准则》等有关文件的规定,结合资质认定部门的监管实际,将检验检测机构分为A、B、C、D四个类别。在首次启动分类监管时,所有检验检测机构起始默认类别为(　　)。

A. A类　　B. B类　　C. C类　　D. D类

8. 合同评审活动可被理解为确保检验检测活动达到规定目标的(　　)所进行的活动。

A. 适宜性和合法性　　B. 充分性和合理性

C. 充分性和有效性　　D. 有效性和合法性

9. 检测人员按照《公路水运工程试验检测管理办法》要求,应当真实、独立地开展检测工作,保证检验检测数据的(　　)。

A. 清晰、完整、规范　　B. 严密、完善、有效

C. 客观、公正、准确　　D. 客观、公正、科学

10. 信用评价周期为(　　)年。

A. 5　　B. 3　　C. 1　　D. 2

11. 2012年1月1日是(　　)的实施时间。

A.《公路水运工程试验检测机构等级标准》

B.《公路水运试验检测机构等级评定程序》

C.《公路水运工程试验检测人员继续教育办法(试行)》

D.《关于进一步加强公路水运工程工地试验室管理工作的意见》

12. 我们使用的计量器具必须是经检定合格的、(　　)、有标识的计量器具。

A. 结构完整的　　B. 有检定证书

C. 检定周期内　　D. 检定周期外

13. 公路水运工程质量事故鉴定、大型水运工程项目和高速公路项目验收的质量鉴定检测,质监机构应当委托(　　)承担。

A. 通过计量认证的检测机构

B. 具备甲级等级或专项能力的检测机构

C. 通过计量认证的甲级检测机构

D. 通过计量认证的甲级或专项能力的检测机构

14. 资质认定证书有效期为(　　)年。

A. 3　　B. 7　　C. 6　　D. 1

15. 为保证公路水运试验检测的安全,试验检测机构应该在(　　)里制定详细的安全作业管理程序,以保证检测活动的安全。

A. 作业指导书　　B. 程序文件

C. 质量手册　　D. 公司文件

16. 涉及保障人体健康,人身、财产安全的标准属于(　　)。

A. 国家标准
B. 行业标准
C. 强制性标准
D. 推荐性标准

17. 正态分布曲线的特点是(　　)。

A. 双峰性
B. 无水平渐近线
C. 对称性
D. 无拐点

18. 检验检测机构的采购服务不包括(　　)。

A. 仪器设备的采购
B. 抽排设施的安装
C. 仪器设备的检定
D. 选择消耗性材料的供应商

19. 检验检测机构合格的外部供应商来自(　　)。

A. 经过资质认定的检验检测机构
B. 取得 ISO 9001 认证的供货方
C. 服务周到的单位
D. 具备良好质量并可持续信任的单位

20. 按照《公路水运工程试验检测机构等级标准》要求,下列不属于综合乙级对沥青混合料项目设备配置的强制性要求的是(　　)。

A. 电子天平
B. 马歇尔稳定度仪
C. 最大理论密度测定仪
D. 车辙试验机

21.《危险化学品安全管理条例》已经于(　　)经国务院第 144 次常务会议修订通过。

A. 2011 年 12 月 1 日
B. 2011 年 9 月 30 日
C. 2011 年 10 月 25 日
D. 2011 年 2 月 16 日

22. 盲样管理的目的是(　　)。

A. 保证样品在流转过程中样品信息不泄露
B. 保证样品在流转过程中委托方信息不被泄露
C. 保证样品在流转过程中委托单编号不泄露
D. 保证样品在检测过程中样品编号不泄露

23. 制定《公路水运工程试验检测人员继续教育办法(试行)》的依据是(　　)。

A.《建设工程质量管理条例》
B.《公路建设市场管理办法》
C.《公路法》
D.《公路水运工程试验检测管理办法》

24. 检验检测机构质量负责人的责任是(　　)。

A. 对技术方面的工作全面负责
B. 对技术工作日常负责
C. 技术负责人的代理人
D. 对管理体系的运行全面负责

25. 下列选项中,(　　)的符号全部为国际单位的基本单位。

A. mol,cd,N,K
B. m,s,A,℃

C. A,K,m,kg D. s,N,MPa,m

26. 检验检测机构应将原始观察记录、导出数据,开展跟踪审核的足够信息、校准记录、员工记录,以及发出的每份检测报告或校准证书的副本( )。

A. 按规定的时间保存 B. 尽可能长的时间保存

C. 按最短的时间保存 D. 无规定保存时间

27. 试验室用的烘箱在示值为180℃处的实际值为182℃,则烘箱在此处的相对误差为( )。

A. 1.1% B. -2℃ C. -1.1% D. -0.25%

28. 检验检测机构在资质认定证书确定的能力范围内,对社会出具具有证明作用数据、结果时,应当标注资质认定标志。资质认定标志加盖在( )位置。

A. 主页上部 B. 封面左上角

C. 封面上部适当位置 D. 封面检验检测机构名称上

29. 下列选项中,( )不会包括在最高管理者授权发布的质量方针中。

A. 管理体系的目的

B. 为客户提供检验检测服务质量的承诺

C. 质量管理目标

D. 遵循准则要求、持续改进管理体系的承诺

30.《公路水运工程试验检测机构等级证书》由质监总站统一规定格式,其有效期为( )年。

A. 2 B. 3 C. 5 D. 6

31. 信用等级被评为很差的工地试验室授权负责人,( )年内不能担任工地试验室授权负责人。

A. 1 B. 2 C. 3 D. 5

32. 1平方米面积上均匀垂直作用于1牛顿力所形成的压强,称之为( )。

A. 1千克力 B. 1兆帕 C. 1牛 D. 1帕

33. 检验检测机构只应对( )申诉、投诉的处理过程及结果及时记录,按规定归档。

A. 以书面形式的 B. 合理的

C. 不合理的 D. 选项ABC

34. 检验检测机构的人员负有保密义务,因此,检验检测机构应当建立并实施相应的保密( )。

A. 规定 B. 程序 C. 措施 D. 方针

35. 建立公路水运工程工地试验室是为了进一步加强工地试验室管理,规范试验检测行为,提高试验检测数据的( )和准确性,保证公路水运工程质量。

A. 客观性　　B. 完整性　　C. 科学性　　D. 真实性

36. 作为责任主体的(　　)应该加强对授权工地试验室的管理和指导,并对工地试验室试验检测结果的真实性和准确性负责。

A. 施工总包机构　　B. 施工检测机构

C. 母体试验检测机构　　D. 工程监督机构

37. 在试验检测中,两个测量数据分别记录为:甲 15.50^{+},乙 15.50^{-},该记录表示(　　)。

A. 甲实测值比 15.50 大,经修约舍弃为 15.50;乙实测值比 15.50 小,经修约进 1 为 15.50

B. 甲实测值比 15.50 小,经修约进 1 为 15.50;乙实测值比 15.50 大,经修约舍弃后为 15.50

C. 甲实测值比 15.50 大,经修约进 1 为 15.50;乙实测值比 15.50 大,经修约舍弃后为 15.50

D. 甲实测值比 15.50 小,经修约进 1 为 15.50;乙实测值比 15.50 小,经修约进 1 后为 15.50

38. 下列不属于初审必须完成的工作的是(　　)。

A. 检查检测机构检定和校准是否按规定进行

B. 检查检测机构采用的试验检测标准、规范和规程是否合法有效

C. 检查检测机构申报材料与实际状况的符合性

D. 检查检测机构是否具有良好的试验检测业绩

39. 换证复核评审不合格的检测机构,质监机构应当责令其在(　　)天内进行整改,整改期内不得承担质量评定和工程验收的试验检测业务。

A. 30　　B. 90　　C. 15　　D. 180

40. 对于签发的涉及结构安全的产品或试验检测项目不合格报告,工地试验室授权负责人应在(　　)个工作日之内报送试验检测委托方。

A. 7　　B. 5　　C. 2　　D. 3

二、判断题(请对下列题述观点正确与否进行判断,判断准确得分,否则不得分。每题 1 分。)

1. 校准周期属于强制性约束的内容。

(　　)正确　　(　　)不正确

2. 质量体系是为了实施质量管理所需的组织结构、程序、过程的文件体系。

(　　)正确　　(　　)不正确

3. 亿(10^8)、万(10^4)是国家选定的法定计量单位的词头。

(　　)正确　　　　　　　　　　　　(　　)不正确

4. 按照有效数字规则 1015^2 的计算结果应该是 1.030×10^6。

(　　)正确　　　　　　　　　　　　(　　)不正确

5. 通常认为,在一次试验中"小概率事件"几乎是不会发生的。

(　　)正确　　　　　　　　　　　　(　　)不正确

6. 公路水运工程试验检测检测机构等级,是依据检测机构的公路水运工程试验检测水平、配备的设备数量及精密程度、高级检测人员的数量和属于公司产权(或租赁)场地的面积进行的能力划分。

(　　)正确　　　　　　　　　　　　(　　)不正确

7. 针对Ⅱ类仪器设备的检定/校准工作,应该由经质量技术监督部门授权建立且可以提供检定/校准服务的单位开展。

(　　)正确　　　　　　　　　　　　(　　)不正确

8. 测量不确定度与具体测量得到的数值大小有关。

(　　)正确　　　　　　　　　　　　(　　)不正确

9. 公路水运工程试验检测人员出具虚假数据报告造成质量标准降低的,信用评价扣40分。

(　　)正确　　　　　　　　　　　　(　　)不正确

10. 采购服务包括对供货单位的质量保证能力进行评价,并建立合格供应方名单。

(　　)正确　　　　　　　　　　　　(　　)不正确

11. 有一类极限数值为绝对极限,书写≥0.2 和书写≥0.20 或者≥0.200 具有同样极限上的意义,对此类界限数值,用判定值或者计算值判定是否符合要求时,需要用修约比较法。

(　　)正确　　　　　　　　　　　　(　　)不正确

12. 公路水运工程试验检测专业技术人员职业资格证书由交通运输部职业资格中心登记,并向社会公布。

(　　)正确　　　　　　　　　　　　(　　)不正确

13. 持证的检测人员不得借工作之便推销建设材料、构配件和设备,可以同时受聘于两家以上检测机构。

(　　)正确　　　　　　　　　　　　(　　)不正确

14.《关于进一步加强公路水运工地试验室管理工作的意见》是由省级交通质量监督机构发布的。

(　　)正确　　　　　　　　　　　　(　　)不正确

15. 试验检测人员的信用评价采用随机检查累计扣分制。

(　　)正确　　　　　　　　　　　　(　　)不正确

16. 评审员进行评审活动时，如果与被评审检验检测机构有利害关系或者其评审可能对公正性产生影响，应该采用回避方式。

(　　)正确　　　　(　　)不正确

17. 获取检定报告后的设备确认是对设备检定/校准结果的符合性的评定。

(　　)正确　　　　(　　)不正确

18. 如果被评定仪器设备的示值误差在其最大允许范围误差限内，则可以评定该设备符合性合格。

(　　)正确　　　　(　　)不正确

19. 公路工程等级试验检测机构、工地试验室仪器设备检定/校准工作的依据是《公路工程试验检测仪器设备检定/校准指导手册》。

(　　)正确　　　　(　　)不正确

20. 申诉是客户对检验检测机构提供的检验检测服务或者数据、结果提出正式的书面异议或者争议。

(　　)正确　　　　(　　)不正确

21.《检验检测机构资质认定管理办法》(质检总局令第163号)包括7章共50条内容。

(　　)正确　　　　(　　)不正确

22. 资质认定部门应当自受理申请之日起，根据需要在30个工作日内对申请人进行技术评审。

(　　)正确　　　　(　　)不正确

23. 检验检测机构的活动涉及风险评估和风险控制领域时，应建立和保持相应识别、评估、实施的程序。

(　　)正确　　　　(　　)不正确

24. 在合同签订后，检验检测机构应根据客户的要求立刻组织合同评审。

(　　)正确　　　　(　　)不正确

25. 对于诸如水泥、砂、混凝土试块等检测项目，可以简化合同评审的过程，由收样员完成。

(　　)正确　　　　(　　)不正确

26. 公路水运工程试验检测人员，是指具备相应公路水运工程试验检测知识、能力，经考试合格并承担相应公路水运工程试验检测业务的专业技术人员。

(　　)正确　　　　(　　)不正确

27. 校准过程中产生了修正因子，检验检测机构需确保备份得到正确更新。

(　　)正确　　　　(　　)不正确

28. 检测机构依据合同承担公路水运工程试验检测业务，一律不得转包、分包。

(　　)正确　　　　(　　)不正确

29. 使用频率低的设备需要进行期间核查。

(　　)正确　　　　　　　　　　　　(　　)不正确

30. 依据计量检定规程对测量仪器的合格性进行评定,当各检定点的示值误差不超过该被检仪器的最大允许误差时,就可以认为其符合准确度级别的要求。

(　　)正确　　　　　　　　　　　　(　　)不正确

三、多项选择题(在下列各题的备选答案中,有两个或两个以上的备选项符合题意,请填写符合题意的备选项,选项部分正确按比例得分,出现错误选项该题不得分,完全正确的得满分。每题 2 分。)

1. 按照《检验检测机构资质认定管理办法》规定进行技术评审工作,评审组在技术评审中发现有不符合要求时,可以采取(　　)方式处理。

A. 书面通知申请人限期整改,直至完成整改

B. 书面通知申请人限期整改,整改 30 个工作日

C. 申请人在整改期内完成,相应评审项目判定合格

D. 申请人在整改期内未完成,相应评审项目判定不合格

2. 检验检测机构应该具有固定的场所和工作环境,满足检验检测要求,工作场所的形式包括(　　)。

A. 固定设施　　　　　　　　　　B. 临时设施

C. 移动设施　　　　　　　　　　D. 野外设施

3. 检验检测机构可以使用的检测方法有(　　)。

A. 行业标准方法　　　　　　　　B. 非标准方法

C. 检验检测机构制定的方法　　　D. 国家标准方法

4. 检验检测机构按照《检验检测机构资质认定评审准则》的要求要对相关管理人员、技术人员、关键支持人员进行工作描述,描述可采用多种方式,但至少应包含(　　)内容。

A. 资格和培训计划　　　　　　　B. 从事检验检测工作的职责

C. 新方法制定和确认的职责　　　D. 管理职责

5. 检验检测机构应当定期向资质认定部门上报年度报告,年度报告的内容必须包括(　　)。

A. 持续符合资质认定条件和要求　B. 遵守从业规范

C. 开展检验检测活动　　　　　　D. 期内的检测业绩

6. 国家对用于(　　)的列入强制检定目录的工作计量器具实行强制检定。

A. 环境监测　　　　　　　　　　B. 安全防护

C. 医疗卫生　　　　　　　　　　D. 贸易结算

7. 设备在出现下列(　　)情形时,必须停用。

A. 给出可疑结果

B. 超出规定限度

C. 曾经过载

D. 不能正常开机

8. 参与能力验证进行实验室之间比对的样品，一般应具备(　　)特征。

A. 从材料源中指定

B. 从材料源中随机得到

C. 与日常检测样品的相识性

D. 样品的均匀性

9. 测量数据的表达方法通常有(　　)等。

A. 表格法

B. 图示法

C. 经验公式法

D. 坐标法

10. 下列属于测量装置检定内容和项目的是(　　)。

A. 计量器具的技术条件

B. 测量装置的示值误差

C. 检定周期

D. 检定结果

11. 期间核查可以采用的方式是(　　)。

A. 仪器间的比对

B. 标准物质验证

C. 方法比对

D. 加标回收

12. 下列配套文件中，哪些文件属于管理类的配套文件(　　)。

A. 检验检测机构资质认定　检验检测专用章使用要求

B. 检验检测机构资质认定　公正性和保密性要求

C. 检验检测机构资质认定评审准则

D. 检验检测机构资质认定申请书

13.《公路水运工程安全生产监督管理办法》已于 2016 年 3 月 7 日起施行，其编制的依据是(　　)。

A.《中华人民共和国安全生产法》

B.《建设工程安全生产管理条例》

C.《公路法》

D.《安全生产许可证条例》

14. 能力验证结果通常需要转化为能力统计量，以下表达式中，代表定量结果能力统计量的是(　　)。

A. 差值 D

B. 标准四分位间距

C. $D\%$

D. 中位值

15. 下列关于测量准确度的表述，正确的是(　　)。

A. 是测得值与其真值的一致程度

B. 是无穷多次重复测量所得量值的平均值与一个参考量值间的一致程度

C. 在规定条件下，对同一或类似被测对象重复测量所得示值或测得值间的一致程度

D. 测量准确度不是一个量，不能给出有数字的量值

16. 下列物质中，不属于标准物质的有(　　)。

A. 钢筋检测用钢直尺　　B. 筛孔标定用标准粉

C. 石灰试验用标准盐酸　　D. 用于水泥剂量检测的 EDTA 试剂

17. 按照《检验检测机构资质认定管理办法》规定,检验检测机构应该与对检验检测有关的管理人员、技术人员、关键支持人员建立(　　)关系。

A. 劳动　　B. 雇用　　C. 聘用　　D. 借用

18. 我国法定计量单位由(　　)和(　　)构成。

A. 国际单位制单位　　B. 国家选定的非国际制单位

C. 确定保留的与 SI 单位并用的单位　　D. 工程单位制

19. 下列单位符号中,(　　)是正确的具有专门名称的 SI 导出法定计量单位。

A. kg　　B. N　　C. Pa　　D. V

20. 由两个以上单位相除构成的组合单位,其符号可用下列形式表示,(　　)是正确的表示。

A. kg/m^3　　B. $kg \cdot m^3$　　C. $kg \cdot m^{-3}$　　D. kgm^{-3}

21. 关于计量检定,下列说法正确的是(　　)。

A. 计量检定是进行量值传递的重要形式

B. 计量检定就是对设备进行检验

C. 计量检定是保证量值准确一致的重要措施

D. 计量检定包括检验和加封盖印

22. 公路水运工程试验检测机构出现下列(　　)行为的,其信用等级评定直接确定为 D 级。

A. 出借试验检测等级证书承揽试验检测业务

B. 借用试验检测等级证书承揽试验检测业务

C. 出具虚假数据报告

D. 所设立的工地试验室有得分为 0 分

23. 每项检验检测的记录应包含充分的信息,以便在需要时识别不确定度的影响因素,并确保该次检验检测在尽可能接近原始条件情况下能够重复。请问检测中应该有的信息是(　　)。

A. 温度、湿度　　B. 抽样计划及检测部位示意图

C. 仪器设备型号、编号　　D. 检测方法

24. 混凝土回弹仪在出/入外出检测室时,需完成(　　)工作。

A. 检查设备配件、外观,作好出入记录

B. 送计量检定部门检定校准

C. 报技术负责人同意

D. 借出前、返回后在标准钢砧上率定，记录率定值

25. 凡是获取资质认定证书机构的从业人员，在检验检测活动中必须遵循的原则有（　　）。

A. 客观公正　　B. 科学严谨

C. 公平公正　　D. 诚实信用

参考答案及解析

模拟试题一

一、单项选择题

1.【答案】D

【解析】随机误差是由于不能预料、不能控制的原因造成的。

2.【答案】B

【解析】仪器设备的状态标识分为合格、准用、停用3种,通常分别以绿色、黄色、红色3种颜色来表示。

3.【答案】B

【解析】见《检验检测机构资质认定管理办法》的规定。

4.【答案】D

【解析】见《数值修约规则与极限数值的表示和判定》(GB/T 8170—2008)的要求。

5.【答案】C

【解析】需要理解标准物质和参考标准的概念;掌握标准物质的特性。标准物质具有三个显著特点:①具有特性量值的准确性、均匀性、稳定性;②量值具有传递性;③实物形式的计量标准。

6.【答案】C

【解析】见《公路试验检测数据报告编制导则》(JT/T 828—2012)。

7.【答案】B

【解析】见《危险化学品安全管理条例》。这里需要注意的是条例的实施时间。

8.【答案】A

【解析】掌握间隔修约的方法。

9.【答案】D

【解析】见《公路水运工程试验检测机构换证复核细则》(质监综字[2013]7号)的要求。

10.【答案】C

【解析】见《检验检测机构资质认定评审准则》4.5.13。

11.【答案】A

【解析】见《公路水运工程试验检测机构等级标准》和《公路水运工程试验检测机构等级评定程序》(交质监发[2008]274 号)。

12.【答案】B

【解析】见《检验检测机构资质认定管理办法》(质检总局令第 163 号)。

13.【答案】C

【解析】见《公路水运工程试验检测机构等级标准》和《公路水运工程试验检测机构等级评定程序》(交质监发[2008]274 号)。

14.【答案】C

【解析】《计量法》制定目的是保障国家计量单位制的统一和量值的准确可靠。

15.【答案】C

【解析】若出具校准证书机构评定的测量设备示值误差的不确定度小于或等于被评定测量设备的最大允许误差的绝对值的1/3 时,则可不考虑示值误差的测量不确定度的影响。

16.【答案】B

【解析】这里需要知道设备获取检定结果后需要进行确认,而确认的依据是检验检测机构制定的设备检定校准规程。选项 A 是检定校准机构使用的并依据规范出具设备检定报告。

17.【答案】C

【解析】期间核查的概念。了解需要进行期间核查的几种情形。检验检测机构应根据设备的稳定性和使用情况来判断设备是否需要进行期间核查,判断依据包括但不限于:a)设备检定或校准周期;b)历次检定或校准结果;c)质量控制结果;d)设备使用频率;e)设备维护情况;f)设备操作人员及环境的变化;g)设备使用范围的变化。

18.【答案】D

【解析】见《检验检测机构资质认定　检验检测专用章使用要求》。

19.【答案】D

【解析】见《检验检测机构资质认定管理办法》(质检总局令第 163 号)。

20.【答案】C

【解析】见考试用书“检验检测机构资质认定管理”相关内容。

21.【答案】B

【解析】见《交通运输部关于修改〈公路水运工程试验检测管理办法〉的决定》(交通运输部令 2016 年第 80 号)第四十四条。

22.【答案】C

【解析】偏离程序的概念。

23.【答案】C

【解析】见考试用书“检验检测机构资质认定管理”相关内容。

24.【答案】A

【解析】见《公路水运工程试验检测专业技术人员职业资格考试实施办法》(人社部发[2015]59号)。

25.【答案】A

【解析】见《公路水运工程试验检测专业技术人员职业资格制度规定》(人社部发[2015]59号)。

26.【答案】C

【解析】见《检验检测机构资质认定管理办法》第十三条。编号由11位变为12位,发证年份代码+发证机关代码+专业领域类别代码+行业主管部门代码+发证流水号。这里需要注意的是代码所代表的内容,且代表的五个内容一定要记忆准确。

27.【答案】A

【解析】见考试用书“检验检测机构资质认定管理”相关内容。

28.【答案】A

【解析】见《公路试验检测数据报告编制导则》(JT/T 828—2012)。

29.【答案】C

【解析】见《检验检测机构资质认定管理办法》第四十五条规定。

30.【答案】A

【解析】见考试用书“仪器设备计量溯源及期间核查”相关内容。

31.【答案】C

【解析】见《检验检测机构资质认定管理办法》(质检总局令第163号)。

32.【答案】C

【解析】见考试用书“校准数据的线性回归”相关内容。

33.【答案】A

【解析】见《检验检测机构资质认定管理办法》。

34.【答案】C

【解析】见《检验检测机构资质认定管理办法》。

35.【答案】D

【解析】根据《检验检测机构资质认定管理办法》作出的判断。

36.【答案】D

【解析】见考试用书“试验室管理”相关内容。本题是选择题的另外一种设计形式,以序号表明内容。辨识这类题时,应该先找出4个选项的差别,再从差别中去研究题干中的内容。

37.【答案】D

【解析】理解分包的概念和条件。选项A、B两种情形是不能分包的。

38.【答案】C

【解析】产品质量才是检验检测机构作为使用者应关注的内容。

39.【答案】D

【解析】合同评审是评价检验检测项目的可行性,与选项A、B、C无关。评审结果可行即可与客户签订检测委任书。

40.【答案】B

【解析】见《关于进一步加强公路水运工程工地试验室管理工作的意见》第五条。“工地试验室设立实行登记备案制。”经试验检测机构授权设立的工地试验室,经建设单位初审后报送项目质监机构登记备案,质检机构对通过备案的工地试验室出具“公路水运工程工地试验室备案通知书”。

二、判断题

1.【答案】不正确

【解析】见考试用书“试验检测常用术语和定义”相关内容。正确度是大量测定的均值与真值的接近程度。

2.【答案】不正确

【解析】见考试用书“能力验证”相关内容和《检验检测机构资质认定管理办法》。新项目不是采用能力验证来确认的。

3.【答案】正确

【解析】扩展不确定度的定义。

4.【答案】正确

【解析】见《公路水运工程试验检测信用评价办法(试行)》第八条规定。“试验检测机构信用评价分为AA、A、B、C、D五个等级。”

5.【答案】不正确

【解析】见考试用书“比对”的定义。

6.【答案】正确

【解析】见考试用书“试验检测常用术语和定义”相关内容。

7.【答案】正确

【解析】见《关于进一步加强公路水运工程工地试验室管理工作的意见》。

8.【答案】正确

【解析】见考试用书“仪器设备计量溯源及期间核查”相关内容。

9.【答案】正确

【解析】见《关于公布〈公路水运工程试验检测机构等级标准〉及〈公路水运试验检测机构等级评定程序〉的通知》。

10.【答案】不正确

【解析】见《检验检测机构资质认定管理办法》多场所问题。质量体系只需要覆盖到分场所,而不是建立各个分场所的质量体系。

11.【答案】正确

【解析】见《公路水运工程试验检测信用评价办法(试行)》。

12.【答案】不正确

【解析】见《公路水运工程试验检测人员继续教育办法(试行)》。试验检测机构应督促本单位试验检测人员按要求参加继续教育,并保证试验检测人员参加继续教育的时间,提供必要的学习条件。

13.【答案】正确

【解析】见《关于进一步加强公路水运工程工地试验室管理工作的意见》。

14.【答案】正确

【解析】见《公路试验检测数据报告编写导则》。

15.【答案】正确

【解析】见《检验检测机构资质认定管理办法》。

16.【答案】正确

【解析】见《计量法》及《计量法实施细则》。

17.【答案】不正确

【解析】见《公路水运工程试验检测管理办法》,试验检测设备实行分类管理。

18.【答案】正确

【解析】见《公路水运工程试验检测信用评价办法(试行)》《关于进一步加强公路水运工程工地试验室管理工作的意见》。

19.【答案】正确

【解析】见《关于公布〈公路水运工程试验检测机构等级标准〉及〈公路水运试验检测机构等级评定程序〉的通知》。

20.【答案】不正确

【解析】见《公路水运工程试验检测机构换证复核细则》第十六条。

21.【答案】正确

【解析】见《公路工程标准体系》的有关术语。

22.【答案】不正确

【解析】见《公路水运工程试验检测专业技术人员职业资格考试实施办法》(人社部发[2015]59号),考试条件里没有免考条件。

23.【答案】不正确

【解析】见考试用书“仪器设备计量溯源及期间核查”及《检验检测机构资质认定管理办法》相关内容。

24.【答案】正确

【解析】见考试用书“试验检测常用术语和定义”相关内容。

25.【答案】不正确

【解析】见《公路水运工程试验检测专业技术人员职业资格制度规定》第十三条。“公路水运工程试验检测职业资格考试合格,由交通运输部职业资格中心颁发人力资源社会保障部、交通运输部监制,交通运输部职业资格中心用印的相应级别《中华人民共和国公路水运工程试验检测专业技术人员职业资格证书》。该证书在全国范围有效。”这里主要注意说法的准确性。

26.【答案】正确

【解析】见《公路水运工程试验检测管理办法》第三条。这是需要记忆的众多概念、定义之一。这类概念需要正确、准确记忆每个文字。

27.【答案】不正确

【解析】见《公路水运工程试验检测管理办法》第三十一条。“工程所在地省站应当对工地临时试验室进行监督。”注意这里是工程所在地域的省级交通质量监督机构。

28.【答案】不正确

【解析】见《公路水运工程试验检测管理办法》第二十一条。换证复核是以书面审查为主。等级评定工作分为受理、初审、现场评审3个阶段。

29.【答案】正确

【解析】见《公路水运工程试验检测管理办法》第三十七条。“检测机构在同一公路水运工程项目标段中不得同时接受业主、监理、施工等多方的试验检测委托。”

30.【答案】正确

【解析】见《公路工程标准体系》1.6.3。这是关于体系编号定义规则的内容。

三、多项选择题

1.【答案】BCD

【解析】见《检测和校准实验室能力的通用要求》(GB/T 27025)相关内容。

2.【答案】ABCD

【解析】见《产品质量仲裁检验和产品质量鉴定管理办法》。

3.【答案】BCD

【解析】见《行业标准管理办法》(1990年8月14日国家技术监督局令第11号发布)。

4.【答案】ABD

【解析】误差的分类。

5.【答案】ACD

【解析】见考试用书“统计技术的基础”相关内容。

6.【答案】AD

【解析】见《检验检测机构资质认定管理办法》。

7.【答案】ABC

【解析】正态分布的定义。

8.【答案】ABC

【解析】样品进入检验检测机构后,应该经历未检、在检、检毕三个过程。选项D不是样品状态。

9.【答案】CD

【解析】见《公路水运工程试验检测管理办法》和《检验检测机构资质认定评审准则》。

10.【答案】ABCD

【解析】见《公路水运工程试验检测管理办法》和《关于公布〈公路水运工程试验检测机构等级标准〉及〈公路水运试验检测机构等级评定程序〉的通知》。

11.【答案】AB

【解析】见考试用书“校准数据的线性回归”相关内容。

12.【答案】BCD

【解析】见《公路工程标准体系》《中华人民共和国标准化法》。

13【答案】ACD

【解析】见《公路水运工程试验检测专业技术人员职业资格制度规定》(人社部发[2015]59号)。

14.【答案】BC

【解析】见考试用书“计量结果的确认及运用”相关内容。

15.【答案】ABD

【解析】见《公路水运工程安全生产监督管理办法》。

16.【答案】AC

【解析】见考试用书“仪器设备计量溯源”相关内容。

17.【答案】ACD

【解析】见考试用书“国际单位制”相关内容。

18.【答案】AD

【解析】见《检验检测机构资质认定管理办法》“印章的分类与使用”相关要求。

19.【答案】AB

【解析】见《关于公布〈公路水运工程试验检测机构等级标准〉及〈公路水运试验检测机构等级评定程序〉的通知》。

20.【答案】CD

【解析】见考试用书“仪器设备计量溯源及期间核查”相关内容。

21.【答案】AB

【解析】见《关于进一步加强公路水运工程工地试验室管理工作的意见》。

22.【答案】BCD

【解析】见考试用书“计量结果的确认及运用”相关内容。

23.【答案】AB

【解析】见考试用书“统计技术和抽样技术”相关内容。

24.【答案】ABC

【解析】见考试用书“能力验证结果的统计处理和能力评价”相关内容。

25.【答案】BC

【解析】标准物质的定义。

模拟试题二

一、单项选择题

1.【答案】C

【解析】理解标准偏差的定义。

2.【答案】C

【解析】掌握国际单位制和非国际单位制。

3.【答案】D

【解析】见《检验检测机构资质认定评审准则》。

4.【答案】A

【解析】掌握我国的法定计量单位，见考试用书表7-5。

5.【答案】C

【解析】所谓盲样管理，是指在试验检测过程中，试验检测员不知道样品的委托单位、

工程名称等信息,这些具体信息只有收样人和样品管理员知道,而收样人和样品管理员不得参与试验检测工作,从而杜绝试验检测人员伪造数据等现象的发生,保证试验检测过程的科学、公正、公平和试验检测结果的准确性。

6.【答案】D

【解析】见《中华人民共和国计量法实施细则》。

7.【答案】D

【解析】见《检验检测机构资质认定评审准则》4.5.2。

8.【答案】C

【解析】计量认证的专业类别代码:P 交通,R 建设(建材、城建、建工),N 铁路,Y 计量,Z 其他。

9.【答案】A

【解析】见《检验检测机构资质认定管理办法》之《检验检测机构资质认定 标志及其使用要求》。

10.【答案】C

【解析】见《实验室资质认定工作指南》(中国计量出版社出版,2007)。具备《实验室资质认定评审准则》、《检测和校准实验室能力的通用要求》(GB/T 27025)规定的质量体系并有效运行6个月以上。

11.【答案】D

【解析】见《公路水运工程试验检测机构等级标准》和《公路水运工程试验检测机构等级评定程序》(交质监发[2008]274 号)。

12.【答案】B

【解析】见《公路试验检测数据报告编写导则》(JT/T 828—2012)的要求。

13.【答案】A

【解析】见《公路水运工程试验检测机构换证复核细则》(质监综字[2013]7 号)。

14.【答案】C

【解析】见《检验检测机构资质认定评审准则》及释义4.2.5。对实验室监督人员的要求应该是检测的关键环节。要注意区分监督员与内审员的职责,内审员可以是全过程,监督员不应该有这个职责。选项 B、D 又达不到人员能力监督的目的。

15.【答案】D

【解析】国家法定计量单位的名称、符号由国务院公布。

16.【答案】B

【解析】见《数值修约规则与极限数值的表示和判定》(GB/T 8170—2008)相关内容。

17.【答案】B

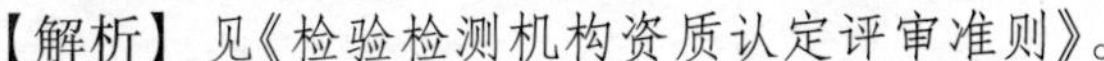

【解析】见《检验检测机构资质认定评审准则》。

18.【答案】B

【解析】1)合格标志(绿色):经计量检定或校准、验证合格,确认其符合检测/校准技术规范规定的使用要求的;2)准用标志(黄色):仪器设备存在部分缺陷,但在限定范围内可以使用的(即受限使用的);3)停用标志(红色):仪器设备目前的状态不能使用的,但经检定、校准或修复后可以使用的。

19.【答案】B

【解析】见《检验检测机构资质认定管理办法》的相关要求。

20.【答案】B

【解析】见《检验检测机构资质认定管理办法》“文件管理”的相关要求。

21.【答案】A

【解析】量值溯源的概念。

22.【答案】D

【解析】见《数值修约规则与极限数值的表示和判定》(GB/T 8170—2008)。

23.【答案】B

【解析】需要理解检定和校准的定义,这是不同的两种行为。校准的内容和项目,只是评定测量装置的示值误差,以确保量值准确;检定的内容则是对测量装置的全面评定,要求更全面,除了包括校准的全部内容之外,还需要检定有关项目。

24.【答案】C

【解析】见《公路水运工程试验检测管理办法》第二十一条。在现实工作中,机构证书的有效期多为3年,比如原来的机构资质认定期限,现在改为6年。整改期一般是3个月。另外,把两个时限放在一个题干里也是试题设计的一种方式。

25.【答案】D

【解析】校准的概念。

26.【答案】A

【解析】见《公路水运工程试验检测管理办法》(交通运输部令2016年第80号)第十八条。

27.【答案】A

【解析】检测的定义,即用指定的方法检验测试某种物体(气体、液体、固体)指定的技术性能指标,适用于各种行业范畴,如:土木建筑工程、水利、食品、化学、环境、机械、机器等的质量评定。

28.【答案】B

【解析】见《检验检测机构资质认定评审准则》的相关要求。

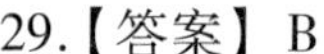

29.【答案】B

【解析】见《检验检测机构资质认定评审准则》的相关要求。

30.【答案】B

【解析】见《检验检测机构资质认定评审准则》的相关要求。

31.【答案】B

【解析】仪器设备的检定/校准的服务单位选择的要求必须是通过资质认定的机构，这关系到检验检测机构仪器设备的量值溯源问题。

32.【答案】D

【解析】见《公路水运工程试验检测管理办法》第二十四条。这类题目需要准确记忆时限。“检测机构名称、地址、法定代表人或者机构负责人、技术负责人等发生变更的，应当自变更之日起30日内到原发证质监机构办理变更登记手续。”

33.【答案】A

【解析】见《关于进一步加强公路水运工程工地试验室管理工作的意见》第四条。本题设计的是一个“不属于”的反面问题。现实工作中，工地试验室与母体试验室的设备使用一直有个归属权问题。“设立工地试验室的母体试验检测机构，应当在其等级证书核定的业务范围内，根据工程现场管理需要或合同约定，对工地试验室进行授权。授权内容包括工地试验室可开展的试验检测项目及参数、授权负责人、授权工地试验室的公章、授权期限等。”

34.【答案】C

【解析】《公路水运工程试验检测人员继续教育办法(试行)》自2012年1月1日起施行。这里用通过时间和假设时间来混淆正确的答案。

35.【答案】C

【解析】见《检验检测机构资质认定管理办法》第十条。这是质检总局第163号令提出的一个新的资质认定评审工作时限，旨在提高政府部门的工作实效。

36.【答案】C

【解析】见考试用书“实验室管理”相关内容。每个机构的样品管理员、室主任、技术负责人都可能参与合同评审，但机构都应该按照合同性质不同规定进行合同评审应该参加的人员。所以比较恰当的答案是选项C。

37.【答案】A

【解析】见《检验检测机构资质认定管理办法》第四十二条(六)。

38.【答案】A

【解析】见《检验检测机构资质认定评审准则》4.5.33。“检验检测机构有下列情形之一，应当向资质认定部门申请办理变更手续:a)机构名称、地址、法人性质发生变更的;b)法定代表人、最高管理者、技术负责人、检验检测报告授权签字人发生变更的;c)资质认定检验检测项目取消的;d)检验检测标准或者检验检测方法发生变更的;e)依法需要办理变更的其他事项。"这是质检总局第163号令新增加的,明确了对于检验检测机构一些不用的参数应该怎么样规范处理的问题。

39.【答案】D

【解析】见《检验检测机构资质认定评审准则》4.4.9。量值溯源的目的是保证使检验检测机构的检测活动结果的准确性,其他选项是近似选项。

40.【答案】C

【解析】见《检验检测机构资质认定评审准则》4.5.10。这里与纠正、发生偏离和预防工作都无关,只是涉及不符合工作的处理过程,所以是选项C。

二、判断题

1.【答案】不正确

【解析】见考试用书"试验检测常用术语和定义"相关内容。修正值等于负的系统误差。

2.【答案】不正确

【解析】见《公路试验检测数据报告编制导则》,每页都应该有页码。

3.【答案】不正确

【解析】自校准一般是利用测量设备自带的校准程序或者功能或者设备厂商提供的没有溯源证书的标准样品所进行的校准活动,通常情况下,其不是有效的量值溯源活动。

4.【答案】正确

【解析】见《公路水运工程试验检测信用评价办法(试行)》附件2。注意区分机构失信行为与人员失信行为的扣分标准不一样。

5.【答案】正确

【解析】见《关于进一步加强公路水运工程工地试验室管理工作的意见》。

6.【答案】正确

【解析】见《关于公布〈公路水运工程试验检测机构等级标准〉及〈公路水运试验检测机构等级评定程序〉的通知》。

7.【答案】正确

【解析】见考试用书"统计技术和抽样技术"相关内容。

8.【答案】不正确

【解析】见《公路水运工程试验检测管理办法》第三十一条。工程所在地省站应当对工地临时试验室进行管理。这里需要区分母体试验室对工地试验室负有的责任与省级公路质量监督部门的监督责任。

9.【答案】不正确

【解析】见《关于进一步加强公路水运工程工地试验室管理工作的意见》。

10.【答案】不正确

【解析】见考试用书“仪器设备计量溯源及期间核查”相关内容,知道设备获得检定证书后的确认活动。

11.【答案】正确

【解析】见考试用书“仪器设备计量溯源及期间核查”相关内容。

12.【答案】不正确

【解析】见《检验检测机构资质认定管理办法》(质检总局令第163号)第九条、《检验检测机构资质认定评审准则》4.1。

第九条说明的是依法设立的法人和其他组织,其依法注册或者登记的经营范围或者业务范围包括检验检测且不包括影响检验检测活动公正性的内容。其他组织包括:经工商部门登记注册的分公司、特殊普通合伙企业;经民政部门登记的民办非企业(法人)单位;经司法行政机关审核登记的司法鉴定机构。

4.1说明的是若检验检测机构是机关或者事业单位的内设机构,不具备法人资格,可由其法人授权,申请检验检测机构资质认定。

13.【答案】不正确

【解析】见《检验检测机构资质认定管理办法》,按照偏离程序进行。

14.【答案】正确

【解析】见《公路试验检测数据报告编写导则》(JT/T 828—2012)。

15.【答案】不正确

【解析】见《关于进一步加强公路水运工程工地试验室管理工作的意见》,不能开展新参数检测。

16.【答案】不正确

【解析】见《检验检测机构资质认定评审准则》4.5.10。

17.【答案】正确

【解析】见考试用书“统计技术的基础”相关内容。

18.【答案】正确

【解析】见《计量法》及《计量法实施细则》。

19.【答案】正确

【解析】周期检定的定义。

20.【答案】正确

【解析】见考试用书“能力验证”相关内容。

21.【答案】正确

【解析】见《公路试验检测数据报告编写导则》(JT/T 828—2012)。

22.【答案】不正确

【解析】见考试用书“仪器设备计量溯源及期间核查”相关内容。检测用设备都需要设备的检定校准结果进行确认。

23.【答案】正确

【解析】见考试用书“扩展不确定度”的定义。

24.【答案】不正确

【解析】见考试用书“能力验证”相关内容。考生应知道机构间比对结果评判的方法。

25.【答案】不正确

【解析】见《检验检测机构资质认定管理办法》(质检总局令第163号)第十四条、第十五条。

26.【答案】不正确

【解析】见考试用书“实验室管理”相关内容。不能只有以书面形式表达的投诉。

27.【答案】不正确

【解析】见《检验检测机构资质认定管理办法》第三十条。报告和原始记录的保存期限不少于6年。

28.【答案】不正确

【解析】见《检验检测机构资质认定管理办法》第二十九条。

29.【答案】正确

【解析】见《公路水运工程安全生产监督管理办法》第四条。

30.【答案】不正确

【解析】《计量法》第三章第十七条规定是可以。“第十七条　个体工商户可以制造、修理简易的计量器具。制造、修理计量器具的个体工商户,必须经县级人民政府计量行政部门考核合格,发给《制造计量器具许可证》或者《修理计量器具许可证》。”

三、多项选择题

1.【答案】ABC

【解析】见《计量法》及《计量法实施细则》。

2.【答案】ACD

【解析】见《计量法》第五章第二十六条、第二十七条规定。“第二十六条　使用不合格的计量器具或者破坏计量器具准确度,给国家和消费者造成损失的,责令赔偿损失,没收计量器具和违法所得,可以并处罚款。”“第二十七条　制造、销售、使用以欺骗消费者为目的的计

量器具的,没收计量器具和违法所得,处以罚款;情节严重的,并对个人或者单位直接责任人员按诈骗罪或者投机倒把罪追究刑事责任。”这个问题实际上具有很强的现实意义,我们日常的检验检测活动中会使用一些不合格的计量器具,比如,钢直尺等。

3.【答案】BCD

【解析】见考试用书“常用数理统计工具”相关内容。

4.【答案】ACD

【解析】见《计量法》及《计量法实施细则》。

5.【答案】ABCD

【解析】见考试用书“能力验证”相关内容。

6.【答案】AD

【解析】见考试用书“国际单位制”相关内容。

7.【答案】ACD

【解析】见《关于进一步加强公路水运工程工地试验室管理工作的意见》。

8.【答案】BCD

【解析】见《检验检测机构资质认定评审准则》。

9.【答案】BD

【解析】见考试用书“统计技术和抽样技术”相关内容。

10.【答案】AC

【解析】见《关于进一步加强公路水运工程工地试验室管理工作的意见》。

11.【答案】BD

【解析】见《公路水运工程试验检测管理办法》(交通运输部令2016年第80号)。

12.【答案】ABC

【解析】见《检验检测机构资质认定评审准则》4.5。

13.【答案】ABC

【解析】见《公路水运工程试验检测机构换证复核细则》(质监综字[2013]7号)。

14.【答案】ABC

【解析】见考试用书“仪器设备计量溯源及期间核查”相关内容。

15.【答案】AC

【解析】见考试用书“测量误差与测量不确定度”相关内容。

16.【答案】AC

【解析】见《公路水运工程试验检测机构换证复核细则》。

17.【答案】ABCD

【解析】见《检验检测机构资质认定评审准则》。

18.【答案】ABD

【解析】见考试用书“统计技术和抽样技术”相关内容。

19.【答案】ABCD

【解析】见考试用书“能力验证”相关内容。

20.【答案】ACD

【解析】见《公路水运工程试验检测信用评价办法(试行)》。

21.【答案】ABD

【解析】见《检验检测机构资质认定管理办法》第一章第五条。

22.【答案】ABCD

【解析】见《检验检测机构资质认定管理办法》第二章第十条“检验检测机构资质认定程序(一)~(四)”。

23.【答案】AD

【解析】见《数值修约规则与极限数值的表示和判定》4.3.3。选项B显然不对;选项C修约值是0.06不符合要求;选项A的修约值是0.05满足要求;选项D修约值是0.05也是满足要求的。

24.【答案】CD

【解析】见《检验检测机构资质认定管理办法》第十一条。这是新增加的一种评审方式,需要加以重点理解记忆。

25.【答案】BC

【解析】见《检验检测机构资质认定评审准则》。

模拟试题三

一、单项选择题

1.【答案】B

【解析】关键是在选项A、B之间,注意《计量法》与《计量法实施细则》的区别,具体的一些行为该如何做应该是出自《计量法实施细则》。

2.【答案】D

【解析】见《检验检测机构资质认定评审准则》4.5.2。

3.【答案】B

【解析】计量认证的专业类别代码:P交通,R建设(建材、城建、建工),N铁路,Y计量,Z其他。

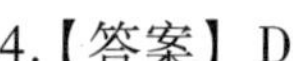

4.【答案】D

【解析】该办法已于2016年12月8日经第29次部务会议通过。这是在关注每个规章制度、管理办法、法律法规的制定时间、依据、实施时间之外的另外一类问题。

5.【答案】B

【解析】见《公路水运工程试验检测管理办法》(交通运输部令2016年第80号)第四十七条。

6.【答案】B

【解析】见《数值修约规则与极限数值的表示和判定》(GB/T 8170—2008)"修约的积"相关内容。

7.【答案】B

【解析】见《检验检测机构资质认定　分类监管实施意见》"四、监管分类及评价标准"相关要求。在首次启动分类监管时,所有检验检测机构起始默认类别为B类。

8.【答案】C

【解析】合同评审的目的是评价检测合同的可行性,要使检验检测活动可行,当然必须是检测需要的环境条件、使用的仪器设备、检测方法等是有效的;样品信息、委托方提供的信息、被委托方在检验检测过程中需要的信息等是充分的。

9.【答案】D

【解析】见《公路水运工程试验检测管理办法》第四十条。"检测人员应当严守职业道德和工作程序,独立开展检测工作,保证试验检测数据科学、客观、公正,并对试验检测结果承担法律责任。"用一个词来表明要求、方针、原则的很多,考生需要联想加理解来记忆这类无关联而又必须记忆准确的一组词。

10.【答案】C

【解析】见《公路水运工程试验检测信用评价办法(试行)》第一章第五条。信用评价周期为1年。

11.【答案】C

【解析】《公路水运工程试验检测人员继续教育办法》自2012年1月1日起施行。

12.【答案】C

【解析】见《计量法实施细则》第五章第二十五条规定。"任何单位和个人不准在工作岗位上使用无检定合格印、证或者超过检定周期以及经检定不合格的计量器具。在教学示范中使用计量器具不受此限。"为什么不是选项B,因为不全面,除有检定证书,还有校准证书等形式。

13.【答案】D

【解析】见《公路水运工程试验检测管理办法》(交通运输部令2016年第80号)第二十九条。"公路水运工程质量事故鉴定、大型水运工程项目和高速公路项目验收的质量鉴定

检测,质监机构应当委托通过计量认证并具有甲级或者相应专项能力等级的检测机构承担。”

14.【答案】C

【解析】《检验检测机构资质认定管理办法》第十一条规定:资质认定证书有效期为6年。

15.【答案】B

【解析】见《检验检测机构资质认定评审准则》。无论是三层次或者四层次的体系文件构成,安全作业程序都应该归在程序文件范畴。

16.【答案】C

【解析】见《中华人民共和国标准化法》第二章第七条。“国家标准、行业标准分为强制标准和推荐性标准。保障人体健康,人身、财产安全的标准和法律、行政法规规定强制执行的标准是强制标准,其他标准是推荐性标准。”

17.【答案】C

【解析】见考试用书“常用数理统计工具”相关内容。

18.【答案】B

【解析】采购服务包括供应品、试剂和消耗材料等,但不包括设备/设施的安装,这是容易误解的项目。

19.【答案】D

【解析】检验检测机构在选择合格供应商时,只需要具备良好质量并可持续信任的单位,不需要通过认证认可,所以选项A、B不正确;服务周到的单位不代表服务能力符合要求,故选项C也不正确。

20.【答案】C

【解析】见《公路水运工程试验检测机构等级标准》表2。这里需要注意的是首先看清楚是“属于”还是“不属于”;其次,还要区分强制性设备和非强制性设备。

21.【答案】D

【解析】见《危险化学品安全管理条例》,这里需要注意的是条例的通过时间。

22.【答案】A

【解析】见《检测和校准实验室能力的通用要求》(GB/T 27025—2008)。

23.【答案】D

【解析】见《公路水运工程试验检测人员继续教育办法(试行)》第一章第一条。注意该办法的上位文件是试验检测管理办法;另外,每个办法、规程、制度的制定一定是有依据的,这是一类问题。

24.【答案】D

【解析】根据《检验检测机构资质认定管理办法》要求作出的判断。

25.【答案】C

【解析】见考试用书表7-1。

26.【答案】A

【解析】见《检验检测机构资质认定管理办法》“文件管理的要求”相关内容。

27.【答案】A

【解析】见考试用书“测量误差与测量不确定度”相关内容。

28.【答案】C

【解析】实际工作中比较混乱,四种选项情况都有出现。为此,质检总局163号令的附件4《检验检测机构资质认定 标志及其使用要求》作出了明确规定。“检验检测机构在资质认定证书确定的能力范围内,对社会出具具有证明作用数据、结果时,应当标注资质认定标志。资质认定标志加盖(或印刷)在检验检测报告或证书封面上部适当位置。”

29.【答案】C

【解析】见《检验检测机构资质认定评审准则》4.5.2。“质量方针声明应经最高管理者授权发布,至少包括下列内容:a)最高管理者对良好职业行为和为客户提供检验检测服务质量的承诺;b)最高管理者关于服务标准的声明;c)管理体系的目的;d)要求所有与检验检测活动有关的人员熟悉质量文件,并执行相关政策和程序;e)最高管理者对遵循本准则及持续改进管理体系的承诺。”选项C应该包含在为客户提供检验检测服务质量的承诺中。

30.【答案】C

【解析】见《公路水运工程试验检测管理办法》第十九条。这类问题需要准确记忆时限。

31.【答案】D

【解析】见《关于进一步加强公路水运工程工地试验室管理工作的意见》第十一条。“(四)工地试验室授权负责人信用等级被评为信用较差的,2年内不能担任工地试验室授权负责人。信用等级被评为信用很差的,5年内不能担任工地试验室授权负责人。”

32.【答案】D

【解析】需要知道压强单位的定义。

33.【答案】D

【解析】这里强调是的是所有申诉、投诉的处理过程及结果归档,无论是什么方式表述的,无论是合理的和不合理。

34.【答案】C

【解析】见《检验检测机构资质认定评审准则》4.2.3。这里注意区分规定、程序、措施的概念。规定是强调预先(即在行为发生之前)和法律效力,用于法律条文中的决定;程序是指事情进行的先后次序,如工作程序;措施即为方法、方式、方案、解决问题的途径。所以选项

C 正确。

35.【答案】A

【解析】见《关于进一步加强公路水运工程工地试验室管理工作的意见》，注意文件对于检测数据的要求。题目中四个选项好像都对，而文件是指的客观性。"公路水运工程工地试验室是工程质量控制和评判的重要基础数据来源，是工程建设质量保证体系的重要组成部分。为进一步加强工地试验室管理，规范试验检测行为，提高试验检测数据的客观性、准确性，保证公路水运工程质量。"

36.【答案】C

【解析】见《关于进一步加强公路水运工程工地试验室管理工作的意见》第六条。"母体试验检测机构应加强对授权工地试验室的管理和指导，根据工程现场管理需要或合同约定，合理配备工地试验室试验检测人员和仪器设备，并对工地试验室试验检测结果的真实性和准确性负责。"参与到工地试验室的单位较多，包括建设单位、监理单位、施工总承包单位、检测单位、监督单位等，谁负有直接责任，应该是母体试验检测机构。

37.【答案】A

【解析】见《数值修约规则与极限数值的表示和判定》(GB/T 8170—2008)。

38.【答案】C

【解析】见《公路水运工程试验检测管理办法》第十二条、第十四条。这里需要注意的是首先看清楚是"属于"还是"不属于"；其次，还要知道初审完成的工作。"第十二条　初审主要包括以下内容：(一)试验检测水平、人员及检测环境等条件是否与所申请的等级标准相符；(二)申报的试验检测项目范围及设备配备与所申请的等级是否相符；(三)采用的试验检测标准、规范和规程是否合法有效；(四)检定和校准是否按规定进行；(五)质量保证体系是否具有可操作性；(六)是否具有良好的试验检测业绩。""第十四条　现场评审是通过对申请人完成试验检测项目的实际能力、检测机构申报材料与实际状况的符合性、质量保证体系和运转等情况的全面核查。"选项 C 是现场评审内容。

39.【答案】D

【解析】见《公路水运工程试验检测管理办法》第二十二条。换证复核合格的，予以换发新的《等级证书》。不合格的，质监机构应当责令其在 6 个月内进行整改。6 个月换算为 180 天，只是表述方式不一样而已。

40.【答案】C

【解析】见《关于进一步加强公路水运工程工地试验室管理工作的意见》第十条(四)。"实行不合格品报告制度，对于签发的涉及结构安全的产品或试验检测项目不合格报告，工地试验室授权负责人应在 2 个工作日之内报送试验检测委托方，抄送项目质量监督机构，并建立不合格试验检测项目台账。"此条文要注意两点：一是不合格品报告制度，二是上报时限，强调

的是“签发的涉及结构安全的产品或试验检测项目不合格报告”。

二、判断题

1.【答案】不正确

【解析】检定周期属于强制性约束的内容,而校准周期由组织根据使用计量器具的需要自行确定。

2.【答案】不正确

【解析】质量体系是为了实施质量管理所需的组织结构、程序、过程的资源。

3.【答案】不正确

【解析】见《中华人民共和国法定计量单位》(1984 年 2 月 27 日国务院发布)。

4.【答案】正确

【解析】见《数值修约规则与极限数值的表示和判定》(GB/T 8170—2008)。

5.【答案】正确

【解析】见考试用书“常用数理统计工具”相关内容。

6.【答案】不正确

【解析】见《公路水运工程试验检测管理办法》(交通运输部令 2016 年第 80 号)第二章第六条。

7.【答案】不正确

【解析】见考试用书“设备校准结果及运用”相关内容。《公路工程试验检测仪器设备检定/校准指导手册》(2013 年)在Ⅱ类仪器设备的检定/校准服务中,还应该注意区分Ⅱ-1、Ⅱ-2、Ⅱ-3 的不同要求。

8.【答案】不正确

【解析】测量不确定度与测量方法有关,与具体测量得到的数值大小无关。

9.【答案】正确

【解析】见《公路水运工程试验检测信用评价办法(试行)》附件 3。注意区分机构的失信行为扣分标准与人员的失信行为扣分标准不一样。

10.【答案】正确

【解析】见考试用书“实验室管理”相关内容。要求建立合格供应商名单。

11.【答案】不正确

【解析】见《数值修约规则与极限数值的表示和判定》(GB/T 8170—2008)4.3.2。应该采用全数值比较法。

12.【答案】正确

【解析】见《公路水运工程试验检测专业技术人员职业资格制度规定》第十九条。

13.【答案】不正确

【解析】见《公路水运工程试验检测管理办法》第四十三条。检测人员不得同时受聘于两家以上检测机构,不得借工作之便推销建设材料、构配件和设备。

14.【答案】不正确

【解析】是由交通运输部办公厅发布的。这是一个细节问题。发布机构很多,具体到某个文件是什么机构发布的需要细致辨析,尤其是《加强……工作的意见》好像是省级主管机构发布的,实际上不是。

15.【答案】正确

【解析】见《公路水运工程试验检测信用评价办法(试行)》第十一条。注意需要区分机构、人员、工地试验室授权负责人的几种不同评价方法。

16.【答案】正确

【解析】见《检验检测机构资质认定　评审员管理要求》第十三条。“评审员严格禁止有下列行为:(一)未依照《检验检测机构资质认定评审准则》规定的程序或者时限实施评审活动;(二)对同一检验检测机构既实施咨询又实施评审;(三)与所评审检验检测机构有利害关系或者其评审可能对公正性产生影响,未进行回避;(四)透露工作中所知悉的国家秘密、商业秘密和技术秘密;(五)收受和谋取当事人的钱财等其他形式的不当利益;(六)出具虚假或者不实的评审结论。”

17.【答案】正确

【解析】见考试用书“设备校准结果及运用”相关内容。

18.【答案】正确

【解析】见考试用书“设备校准结果及运用”相关内容。

19.【答案】正确

【解析】该手册适用于公路工程等级试验检测机构、工地试验室仪器设备的检定/校准工作,以及质量监督机构对试验检测行业的管理工作。

20.【答案】正确

【解析】申诉的定义。

21.【答案】正确

【解析】见《检验检测机构资质认定管理办法》(质检总局令第163号)。

22.【答案】不正确

【解析】见《检验检测机构资质认定管理办法》(质检总局163号局长令)第十条。资质认定部门应当自受理申请之日起45个工作日内,依据检验检测机构资质认定基本规范、评审准则的要求,完成对申请人的技术评审。

23.【答案】正确

【解析】见《检验检测机构资质认定评审准则》4.5.31。

24.【答案】不正确

【解析】组织合同评审应该是在合同签订前进行。

25.【答案】正确

【解析】对检测能力范围日常检测项目,可采用简化的方式,由收样员进行合同评审,并填写《委托协议书》,双方签字确认。

26.【答案】不正确

【解析】见《公路水运工程试验检测管理办法》(交通运输部令2016年第80号)第三条第三款,已删除“经考试合格”。

27.【答案】正确

【解析】见《检验检测机构资质认定评审准则》4.4.7。

28.【答案】不正确

【解析】见《公路水运工程试验检测管理办法》第三十八条。检测机构依据合同承担公路水运工程试验检测业务,不得转包、违规分包。注意“违规”一词。

29.【答案】不正确

【解析】期间核查的重点测量设备主要包括:1)仪器设备性能不稳定,漂移率大的;2)使用非常频繁的;3)经常携带到现场检测的;4)在恶劣环境下使用的仪器设备;5)曾经过载或怀疑有质量问题的;6)因设备使用频率较低,校准周期长于校准规范规定时间的。

30.【答案】不正确

【解析】见考试用书“仪器设备计量溯源及期间核查”相关内容。

三、多项选择题

1.【答案】BCD

【解析】见《检验检测机构资质认定管理办法》第十八条。“评审组在技术评审中发现有不符合要求时,应当书面通知申请人限期整改,整改期不得超过30个工作日。逾期未完成整改或者整改后仍不符合要求的,相应评审项目应当判定不合格。”

2.【答案】ABC

【解析】见《检验检测机构资质认定评审准则》4.3.1。

3.【答案】ABCD

【解析】见《检验检测机构资质认定评审准则》4.5.17。要注意的是,新准则将“非标准方法和检验检测机构制定的方法”纳入了可以使用的范畴。

4.【答案】ABCD

【解析】见《检验检测机构资质认定评审准则》4.2.8。

5.【答案】ABC

【解析】见《检验检测机构资质认定评审准则》4.5.32。

6.【答案】ABC

【解析】见《计量法》及《计量法实施细则》。

7.【答案】ABC

【解析】见《检验检测机构资质认定评审准则》4.4.5。选项D是可以通过检查、修复解决,但不会影响检测结果。

8.【答案】BCD

【解析】见考试用书“能力验证”相关内容。

9.【答案】ABCD

【解析】见考试用书“常用数理统计工具”相关内容。

10.【答案】ABCD

【解析】校准的内容和项目,只是评定测量装置的示值误差,以确保量值准确。而检定的内容则是对测量装置的全面评定,要求更全面,除了包括校准的全部内容之外,还需要检定有关项目。例如,某种计量器具的检定内容应包括计量器具的技术条件、检定条件、检定项目和检定方法、检定周期及检定结果的处置等。

11.【答案】ABCD

【解析】见考试用书“期间核查”相关内容。

12.【答案】AB

【解析】《国家认监委关于印发检验检测机构资质认定配套工作程序和技术要求的通知》中,管理类的8个文件是:1)检验检测机构资质认定 公正性和保密性要求;2)检验检测机构资质认定 专业技术评价机构基本要求;3)检验检测机构资质认定 评审员管理要求;4)验检测机构资质认定 标志及其使用要求;5)验检测机构资质认定 证书及其使用要求;6)检验检测机构资质认定 检验检测专用章使用要求;7)验检测机构资质认定 分类监管实施意见;8)检验检测机构资质认定 评审工作程序。

评审类的3个文件是:9)检验检测机构资质认定评审准则;10)检验检测机构资质认定刑事技术机构评审补充要求;11)检验检测机构资质认定。

司法鉴定机构评审补充要求表格类的4个文件是:12)检验检测机构资质认定许可公示表;13)检验检测机构资质认定申请书;14)检验检测机构资质认定评审报告;15)检验检测机构资质认定审批表。

13.【答案】ABD

【解析】见《公路水运工程安全生产监督管理办法》第一章第一条。考生应关注制定管理办法的上位法律法规。

14.【答案】BD

【解析】见考试用书“能力验证结果的统计处理和能力评价”相关内容、CNAS-GL02《能力验证结果的统计处理和能力评价指南》附件A　检测实验室间能力验证计划的结果处理方法“A.4　总计统计量”。

15.【答案】AD

【解析】见考试用书“试验检测常用术语和定义”相关内容。

16.【答案】ACD

【解析】见标准物质的定义,掌握标准物质的特性。标准物质具有三个显著特点:1)具有特性量值的准确性、均匀性、稳定性;2)量值具有传递性;3)实物形式的计量标准。

17.【答案】AC

【解析】见《检验检测机构资质认定评审准则》4.2.7。这里考查的是机构与人员应该建立合法的关系形式。

18.【答案】AB

【解析】见《中华人民共和国法定计量单位》(1984年2月27日国务院发布)。

19.【答案】BCD

【解析】见《中华人民共和国法定计量单位》(1984年2月27日国务院发布)。

20.【答案】AC

【解析】见《中华人民共和国法定计量单位》(1984年2月27日国务院发布)。

21.【答案】ACD

【解析】计量检定是指为评定计量器具的计量性能,确定其是否合格所进行的全部工作,包括检验和加封盖印等。它是进行量值传递的重要形式,是保证量值准确一致的重要措施。

22.【答案】ABCD

【解析】见《公路水运工程试验检测信用评价办法(试行)》。

23.【答案】ABCD

【解析】见《检验检测机构资质认定评审准则》4.5.14。检测结果再现所需要的信息很多,这里只是举例说明什么是充分的信息。记录还应包括抽样的人员、每项检验检测人员和结果校核人员的标识。观察结果、数据和计算应在产生时予以记录,对记录的所有改动应有改动人的签名或签名缩写。记录可存于任何媒体上。

24.【答案】AD

【解析】见《检验检测机构资质认定评审准则》4.4.6。“无论什么原因,若设备脱离了检验检测机构的直接控制,应确保该设备返回后,在使用前对其功能和校准状态进行核查,并得到满意结果。”

25.【答案】CD

【解析】见《检验检测机构资质认定管理办法》第二十二条。“检验检测机构及其人员从事检验检测活动,应当遵守国家相关法律法规的规定,遵循客观独立、公平公正、诚实信用的原则,恪守职业道德,承担社会责任。”增加了“诚信”方面的内容。这是从业人员的行为规范。

第二部分　交 通 工 程

模拟试题一

说明：1. 本模拟试题设置单选题30道、判断题30道、多选题20道、综合题5道（含25道小题），总计150分；模拟自测时间为150分钟。

2. 本模拟试题仅供考生进行考前自测使用。

一、单项选择题（下列各题中，只有一个备选项最符合题意，请填写最符合题意的一个备选项，选错或不选不得分。每题1分。）

1. 颁布标准的目的是（　　）。

A. 获得最佳秩序　　B. 获得最佳经济效益

C. 获得最佳社会效益　　D. 选项B和C

2. 机电工程分项工程评分值合格者不小于（　　）。

A. 70　　B. 75　　C. 80　　D. 90

3. 人眼中可见光的光波波长为（　　）。

A. 200～250nm　　B. 250～380nm　　C. 380～780nm　　D. 780～2500nm

4. 数据库中能保证不产生死锁的方法为（　　）。

A. 两段锁协议　　B. 一次封锁法

C. 2级封锁协议　　D. 3级封锁协议

5. 交变盐雾试验是一种综合盐雾试验，它主要用于（　　）。

A. 空腔型的整机产品　　B. 线型金属产品

C. 电子产品　　D. 平板状产品

6. 在统计紧急电话外观缺陷减分时，检查了10部外场紧急电话，扣分数如下表，该分项工程的外观鉴定减分应为（　　）。

测点	1	2	3	4	5	6	7	8	9	10
扣分	2.1	3.2	1.5	3.0	3.1	0	0	0	4.0	1.8

A. 4　　B. 3.2　　C. 1.5　　D. 1.87

7. 道路交通标志产品的检验方法主要依据标准为《道路交通标志板及支撑件》(　　)。

A.(GB 23827—2006)　　B.(GB/T 23827—2006)

C.(GB 23827—2009)　　D.(GB/T 23827—2009)

8. 对镀锌层厚度进行仲裁检验时,应采用(　　)。

A. 磁性测厚仪测厚法　　B. 电涡流测厚仪测厚法

C. 超声波测厚仪测厚法　　D. 氯化锑测厚法

9. 逆反射系数为(　　)。

A. R_A = 发光强度系数/试样表面面积　　B. R_A = 发光强度/试样表面面积

C. R_A = 发光亮度系数/试样表面面积　　D. R_A = 发光亮度/试样表面面积

10. 纵向标线的线宽最大值可达(　　)。

A. 20cm　　B. 25cm　　C. 30cm　　D. 35cm

11. 双组分路面标线涂料干膜厚度一般控制在(　　)之间。

A. 0.4 ~ 2.5mm　　B. 0.6 ~ 2.5mm

C. 0.8 ~ 2.5mm　　D. 1.0 ~ 2.5mm

12. 钢管、钢板、钢带的热塑性粉末涂料双涂层厚度为(　　)。

A. 0.15 ~ 0.50mm　　B. 0.20 ~ 0.55mm

C. 0.25 ~ 0.60mm　　D. 0.30 ~ 0.65mm

13. 设置于中央分隔带的护栏分为(　　)。

A. SAm、SBm、Am 三级　　B. Am、SBm、SAm 三级

C. A、B、SA、SB、SS 五级　　D. B、A、SB、SA、SS 五级

14. 波形梁板的直线度每米不得大于(　　)。

A. 1.0mm　　B. 1.5mm　　C. 2.0mm　　D. 2.5mm

15. 隔离栅钢丝镀锌层附着量分级为(　　)。

A. Ⅰ级至Ⅱ级　　B. Ⅰ级至Ⅲ级

C. Ⅰ级至Ⅳ级　　D. Ⅰ级至Ⅴ级

16. 热塑性粉末涂塑层附着性能不低于(　　)。

A. 0 级　　B. 1 级　　C. 2 级　　D. 3 级

17. 涂塑层人工加速老化试验的总辐照能量不小于(　　)。

A. $3.5 \times 10^5 kJ/m^2$　　B. $3.5 \times 10^6 kJ/m^2$

C. $4.5 \times 10^5 kJ/m^2$　　D. $4.5 \times 10^6 kJ/m^2$

18. 防眩板的宽度 W 为(　　)。

A. 60 ~ 200mm　　B. 70 ~ 210mm

C. 80 ~ 250mm　　D. 100 ~ 300mm

19. 突起路标白色的亮度因数要求(　　)。

A. ≥0.55　B. ≥0.65　C. ≥0.75　D. ≥0.85

20. 普通柱式轮廓标、弹性柱式轮廓标的纵向抗拉强度均不小于(　　)。

A. 15MPa　B. 20MPa　C. 25MPa　D. 30MPa

21. 玻璃纤维增强塑料产品耐水性能试验后,材料弯曲强度性能保留率不小于试验前的(　　)。

A. 65%　B. 75%

C. 85%　D. 95%

22. 雷达式车辆检测器的测速误差为(　　)。

A. ±1%　B. ±2%

C. ±3%　D. ±5%

23. 公路能见度测试仪的测量范围为(　　)。

A. 0 ~ 0.005m^{-1}　B. 0 ~ 0.010m^{-1}

C. 0 ~ 0.015m^{-1}　D. 0 ~ 0.020m^{-1}

24. 基带传输时,对数字信号编码含直流分量的编码名称为(　　)。

A. ASCII 编码　B. 非归零码 NRZ

C. 曼彻斯特编码　D. 差分曼彻斯特编码

25. SDH 的矩形块状帧结构的规模为(　　)。

A. 9,261 × N　B. 9,270 × N

C. 9,300 × N　D. 9,600 × N

26. 低速动态称重系统的称量精度一般为(　　)。

A. 0.5% ~ 1%　B. 1% ~ 3%　C. 3% ~ 5%　D. 5% ~ 10%

27. 汽车号牌视频自动识别系统能适应检测的车辆速度值为(　　)。

A. 0 ~ 50km/h　B. 0 ~ 80km/h

C. 0 ~ 120km/h　D. 0 ~ 150km/h

28. 高速公路外场设备宜采用的系统接地方式为(　　)。

A. IT 系统　B. TT 系统　C. TN-S 系统　D. TN-C 系统

29. 公路照明灯的工作电压范围和照度调试范围分别为(　　)。

A. 150 ~ 250V; 0 ~ 100 lx　B. 150 ~ 280V; 0 ~ 100 lx

C. 185 ~ 250V; 0 ~ 50 lx　D. 185 ~ 250V; 0 ~ 100 lx

30. 隧道能见度检测器的测量范围为(　　)。

A. 0 ~ 0.01m^{-1}　B. 0 ~ 0.012m^{-1}

C. $0 \sim 0.015m^{-1}$　　D. $0 \sim 0.02m^{-1}$

二、判断题(请对下列题述观点正确与否进行判断,判断准确得分,否则不得分。每题1分。)

1. 全反射的发现奠定了光纤传输的理论基础。

(　　)正确　　(　　)不正确

2. 某点在给定方向的亮度因数等于该方向的亮度与相同条件下全反射或漫反射的漫射体的亮度之比。

(　　)正确　　(　　)不正确

3. 电磁兼容性(EMC)是指设备或系统在其电磁环境中能正常运行。

(　　)正确　　(　　)不正确

4. 只有在其使用的设备、原材料、半成品、成品及施工工艺符合基本要求的规定时,才能对分项工程质量进行检验评定。

(　　)正确　　(　　)不正确

5. 交通安全设施分项工程评分值不小于75分者为合格,小于75分者为不合格。

(　　)正确　　(　　)不正确

6. IP65表示产品可以完全防止粉尘进入及可用水冲洗无任何伤害。

(　　)正确　　(　　)不正确

7. 交通标志按光学特性分类,可分为逆反射式、照明式和发光式三种。

(　　)正确　　(　　)不正确

8. 标志底板、滑槽、立柱、横梁、法兰盘等大型构件,其镀锌量不低于$600g/m^2$。

(　　)正确　　(　　)不正确

9. 公路交通标志反光膜观测角α为照明轴与观测轴之间的夹角。

(　　)正确　　(　　)不正确

10. 纵向标线的线宽最小值为8cm。

(　　)正确　　(　　)不正确

11. 水性反光型路面标线涂料只能采用低压有气喷涂方式施工。

(　　)正确　　(　　)不正确

12. 涂层经过人工加速老化试验,累积能量应达到$3.5 \times 10^6 kJ/m^2$。

(　　)正确　　(　　)不正确

13. 碰撞加速度是指碰撞过程中,车辆重心处所受冲击加速度10ms间隔平均值的最大值,为车体纵向、横向和铅直加速度的合成值。

(　　)正确　　(　　)不正确

14. 波形梁的连接螺栓、螺母、垫圈、横梁垫片等所用基底金属材质为碳素结构钢，其抗拉强度不小于375MPa。

(　　)正确　　　　　　　　(　　)不正确

15. 隔离栅紧固件、连接件单面的平均镀锌层附着量为350g/m^2。

(　　)正确　　　　　　　　(　　)不正确

16. 隔离栅钢丝镀锌分两个级别：Ⅰ级适用于重工业、都市或沿海等腐蚀较严重地区，Ⅱ级适用于除重工业、都市或沿海等腐蚀较严重地区以外的一般场所。

(　　)正确　　　　　　　　(　　)不正确

17. 依据结构材料不同，公路复合隔离栅立柱可分为TP型、KP型和BP型三类。

(　　)正确　　　　　　　　(　　)不正确

18. 在曲线半径较小且中央分隔带较窄的弯道上，设置防眩设施可能会影响曲线外侧车道的视距。

(　　)正确　　　　　　　　(　　)不正确

19. 半强角是指发光强度为最大发光强度光轴方向一半时，观测轴与最大发光强度光轴的夹角。

(　　)正确　　　　　　　　(　　)不正确

20. 表面色色品坐标的测定条件为：D65标准照明体，照明观测条件：45°/0°。

(　　)正确　　　　　　　　(　　)不正确

21. 玻璃纤维增强塑料管箱的巴柯尔硬度≥45。

(　　)正确　　　　　　　　(　　)不正确

22. 湿度传感器常用聚合物湿敏电容组成。

(　　)正确　　　　　　　　(　　)不正确

23. 同步脉冲幅度用电视信号发生器发送75%彩条信号，采用视频测试仪检测。

(　　)正确　　　　　　　　(　　)不正确

24. SDH的帧结构在光纤中成链状结构。

(　　)正确　　　　　　　　(　　)不正确

25. 光纤接头损耗可通过光纤熔接机上的监测表测得。

(　　)正确　　　　　　　　(　　)不正确

26. ETC收费系统中，OBU初始化设备与OBU微波通信接口的无线链路频率为5.8GHz。

(　　)正确　　　　　　　　(　　)不正确

27. 属于收费车道设备安装检查项目的有车道控制机、自动栏杆、控制台等。

(　　)正确　　　　　　　　(　　)不正确

28. 高速公路配电系统的后备电源为蓄电池、备用发电机和不间断电源(UPS)。

(　　)正确　　　　　　　　(　　)不正确

29. 公路一级和二级照明的眩光限制阈值增量(TI)均为10%。

(　　)正确　　　　　　　　(　　)不正确

30. 隧道灯具闪烁效应的频率低于2.5Hz或高于15Hz时可不计。

(　　)正确　　　　　　　　(　　)不正确

三、多项选择题(在下列各题的备选答案中,有两个或两个以上的备选项符合题意,请填写符合题意的备选项,选项部分正确按比例得分,出现错误选项该题不得分,完全正确的得满分。每题2分。)

1. 通常实际使用的色度计量器具主要有(　　)。

A. 标准色板　　B. 色度计　　C. 色差计　　D. 光谱光度计

2. 眩光产生的后果主要归结为(　　)。

A. 不适型眩光　　B. 眼底型眩光

C. 失能型眩光　　D. 光适应型眩光

3. 组批原则为通常每个检验批产品应(　　)。

A. 同型号　　B. 同种类(尺寸、特性、成分等)

C. 同等级　　D. 生产工艺、条件和时间基本相同

4. 分项工程质量检验内容包括(　　)。

A. 基本要求　　B. 实测项目

C. 外观鉴定　　D. 质量保证资料基本要求

5. 可选用型铝、型钢等滑槽对标志底板进行加固,其加固连接采用铆接时(　　)。

A. 铆接前在滑槽和底板间加耐候胶　　B. 使用沉头铆钉

C. 铆钉直径不宜小于4mm　　D. 铆接间距宜为150mm±50mm

6. 微棱镜型反光膜的技术特点为(　　)。

A. 没有光线的折射

B. 没有金属反射层

C. 棱镜上面和下面都有一个空气层

D. 光线都从微棱镜的3个面反射出去

7. 道路交通标线相关技术要求、质量要求和评定标准的依据主要包括(　　)。

A.《道路交通标志和标线》(GB 5768—2009)

B.《道路交通标线质量要求和检测方法》(GB/T 16311—2009)

C.《公路工程质量检验评定标准》(JTG F80/1—2004)

D.《道路交通标线》(GB 5768—2012)

8. 双组分路面标线涂料主剂的成膜物质有(　　)。

A. 环氧树脂　　B. 聚氨酯树脂

C. MMA 型树脂　　D. PMMA 型树脂

9. 涂层试验采用高低温湿热试验箱,要求(　　)。

A. 高温上限不低于 100℃　　B. 低温下限温度不高于 -60℃

C. 温度波动范围不超过 ±1℃　　D. 最大相对湿度不低于 95%

10. 碰撞速度 80km/h,车辆质量 10t,碰撞加速度≤200m/s^2,则其防撞等级为(　　)。

A. A　　B. Am　　C. SB　　D. SBm

11. 隔离栅活动门的规格大小(　　)。

A. 单开门设计门宽不应大于 1.2m　　B. 单开门设计门宽不应大于 1.5m

C. 双开门总宽不应超过 2.8m　　D. 双开门总宽不应超过 3.2m

12. 太阳能突起路标按照使用环境温度条件,可分为(　　)。

A. A 型为常温型,最低使用温度为 -20℃

B. B 型为低温型,最低使用温度为 -40℃

C. C 型为超低温型,最低使用温度为 -55℃

D. AA 型为常温型,最高使用温度为 70℃

13. 轮廓标人工气候加速老化试验条件为(　　)。

A. 氙灯作为光源

B. 光谱波长为 290 ~ 800nm 时,其辐射强度为 1000W/m^2 ±100W/m^2

C. 光谱波长低于 290nm 光线的辐射强度不应大于 1W/m^2

D. 箱内:黑板温度为 65℃ ±3℃

14. 塑料管环刚度测试要点为(　　)。

A. 从 3 根管材上各取 1 根 200mm ±5mm 管段为试样

B. 试样两端应垂直切平

C. 试样垂直方向的外径变形量 Y_i 为原内径 d_i 的 5% 时,记录试样所受的负荷 F_i

D. 试样的环刚度 $S = (0.0186 + 0.025 \times Y_i/d_i) \times F_i/(Y_i \times L)$ (kN/m^2)

15. 环形线圈检测器的主要技术指标包括(　　)。

A. 计数精度不小于 98%

B. 工作频率在 10 ~ 150kHz 可调

C. 灵敏度(每通道至少有 7 级灵敏度选择)

D. 测速精度不小于 98%

16. 在测量光纤数字传输系统光接收灵敏度时,所要用到的仪器有(　　)。

A. 误码检测器及码型发生器
B. 光源
C. 光功率计
D. 可变光衰减器

17. 收费系统测试的主要内容涉及(　　)。

A. 安全性及保密性测试
B. 闭路电视监视功能测试
C. 告警及异常处理功能测试
D. 数据处理统计报表打印记录测试

18. 在电源系统的接地系统中,交流接地的形式主要包括(　　)。

A. 工作接地　B. 保护接地　C. 防震接地　D. 防雷接地

19. 电光源的主要特性有(　　)。

A. 额定功率　B. 亮度　C. 光通量　D. 平均寿命

20. 隧道射流风机的选择要求是(　　)。

A. 具有消声装置的专用射流风机
B. 双向隧道时,要求其逆转反向风量大于正转风量的70%
C. 当隧道内发生火灾时,在环境温度为250℃情况下其能正常可靠运转60min
D. 风机防护等级不低于IP55

四、综合题(按所给问题的背景资料,正确分析并回答问题。每大题有5小题,每小题有四个备选项,请从中选出一个或一个以上正确答案,选项全部正确得分,出现漏选或错误选项均不得分。每小题2分。)

1. 试回答LED主动发光道路交通标志性能检验项目的相关问题。

(1)发光道路交通标志型式检验的项目有(　　)。

A. 材料要求、基本要求、外观质量、色度性能、调光功能
B. 视认性能、绝缘电阻、电气强度、安全接地、电源适应性
C. 电气指标要求、结构稳定性、耐低温性能、耐高温性能、耐湿热性能
D. 耐机械振动性能、耐盐雾腐蚀性能、耐候性能、防护等级、可靠性

(2)发光道路交通标志出厂检验不做的检验项目有(　　)。

A. 电气强度、结构稳定性
B. 耐机械振动性能、耐盐雾腐蚀性能
C. 耐候性能
D. 可靠性

(3)发光道路交通标志出厂检验必做的检验项目有(　　)。

A. 材料要求、基本要求、外观质量
B. 色度性能、调光功能、视认性能
C. 绝缘电阻、安全接地
D. 电源适应性、电气指标要求

(4)发光道路交通标志出厂检验选做的检验项目有(　　)。

A. 耐低温性能　B. 耐高温性能　C. 耐湿热性能　D. 防护等级

(5)正常批量生产时,发光标志型式检验的周期为(　　)。

A. 半年一次　B. 每年一次　C. 两年一次　D. 三年一次

2. 试回答波形梁钢护栏外金属防腐处理的相关问题。

(1)护栏的所有构件均应采用(　　)进行金属防腐处理。

A. 热浸镀锌　B. 热浸镀铝　C. 热浸涂塑　D. 热浸镀铜

(2)热浸镀锌所用的锌应为(　　)。

A. 特一号锌锭　B. 特二号锌锭　C. 一号锌锭　D. 二号锌锭

(3)热浸镀铝所用的铝应为(　　)。

A. 特一级铝锭　B. 特二级铝锭　C. 特三级铝锭　D. 一级铝锭

(4)热浸镀铝时,护栏板、立柱、垫板、过渡板、端头单面的平均铝层质量为(　　)。

A. $100g/m^2$　B. $110g/m^2$　C. $120g/m^2$　D. $150g/m^2$

(5)热浸镀铝时,防阻块、紧固件、托架单面的平均铝层质量为(　　)。

A. $100g/m^2$　B. $110g/m^2$　C. $120g/m^2$　D. $150g/m^2$

3. 试回答涂塑层附着性能试验的相关问题。

(1)热塑性粉末涂层采用(　　)。

A. 剥离试验　B. 划格试验　C. 敲击试验　D. 振动试验

(2)热固性粉末涂层采用(　　)。

A. 剥离试验　B. 划格试验　C. 敲击试验　D. 振动试验

(3)热塑性粉末涂层剥离试验的要点为(　　)。

A. 用锋利的刀片在涂塑层上划出两条平行的长度为 5cm 的切口,至基底的表面

B. 板状或柱状试样两切口间距 3mm,丝状试样两切口沿丝的轴向的 180°对称面

C. 在原切口一端切一竖直切口,将竖直切口挑起少许,用手指捏紧端头将涂层扯起

D. 以扯起涂层状态将涂层附着性能区分为 0 ~ 4 级

(4)将涂层附着性能区分为 0 ~ 4 级,0 级为不能扯起或扯起点断裂;其他为(　　)。

A. 1 级:小于 1cm 长的涂层能被扯起

B. 2 级:仔细可将涂层扯起 1 ~ 2cm

C. 3 级:较容易可将涂层扯起 1 ~ 2cm

D. 4 级:切开后可轻易完全剥离

(5)热固性粉末涂层划格试验的要点为(　　)。

A. 涂层厚度 <0.125mm 时,按 GB/T 9286—1998 规定切割间距为 2mm

B. 涂层厚度≥0.125mm 时,在试样上划两条长 40mm 的线,两线相交于中部成 30° ~ 40°的锐角

C. 所划线要直且划透涂塑层。如未穿透涂塑层,则换一处重新进行

D. 试验后,观察刻痕边缘涂层脱落情况

4. 回答环形线圈车辆检测器的其他技术要求。

(1)环行线圈车辆检测器的安全性能指标为(　　)。

A. 电源接线端与机壳的绝缘电阻≥100MΩ

B. 标准电气强度试验应无闪络或击穿现象

C. 接地端子与机壳的连接电阻小于0.1Ω

D. 外壳的防护等级不低于 GB 4208 规定的 IP55 级

(2)环行线圈车辆检测器电磁兼容性试验有(　　)。

A. 静电放电抗扰度试验　　B. 辐射电磁场抗扰度试验

C. 电快速瞬变脉冲群抗扰度试验　　D. 耐压强度试验

(3)环行线圈车辆检测器环境适应性能有:耐温度交变、耐机械振动、耐候性能和(　　)。

A. 耐低温性能:-20℃(-40℃、-55℃)

B. 耐高温性能:+55℃(+50℃、+45℃)

C. 耐湿热性能:温度40℃、相对湿度98%

D. 耐循环盐雾性能:经168h 循环盐雾试验

(4)环行线圈车辆检测器耐机械振动性能的试验条件为(　　)。

A. 检测器通电工作

B. 在2~150Hz 的频率范围内进行扫频循环振动

C. 温度45℃、相对湿度98%

D. 经过300h 试验

(5)环行线圈车辆检测器耐候性能的试验条件为(　　)。

A. 外壳防腐层等部位经过两年自然曝晒试验

B. 经人工加速老化试验累积能量达到 $3.5\times10^{6}kJ/m^{2}$

C. 产品外观应无明显退色、粉化、龟裂、溶解、锈蚀等老化现象

D. 非金属材料的机械力学性能保留率应大于80%

5. 请回答关于联网收费系统的原则和框架相关问题。

(1)联网收费系统总体框架结构一般由(　　)两部分组成。

A. 各路段收费站和收费分中心的收费系统

B. 各路段收费站和收费中心的收费系统

C. 收费中心和联网收费区域内各路段的收费系统

D. 收费结算中心和联网收费区域内各路段的收费系统

(2)联网收费计算机网络的组网原则为(　　)。

A. 先进性、实用性、可靠性、安全性　　B. 经济性与可扩展性相结合

C. 采用开放式的体系结构　　D. 各层局域网应采用高速网络技术

(3)各联网收费系统应对本网计算机 IP 地址作出规划,本网计算机 IP 地址为(　　)。

A. 10.0.0.0 ~ 10.255.255.255　　B. 20.0.0.0 ~ 20.255.255.255

C. 30.0.0.0 ~ 30.255.255.255　　D. 40.0.0.0 ~ 40.255.255.255

(4)收费数据的传输必须保证数据的可靠性、一致性和(　　)。

A. 完整性　　B. 准确性　　C. 真实性　　D. 公开性

(5)收费结算中心的基本功能是(　　)。

A. 制定和下传联网收费系统运行参数

B. 接收收费站、收费中心上传的所有原始收费数据并对通行费进行拆分和复核,与指定银行进行账目信息交换和通行费结算、账务分割

C. 联网收费系统操作、维修人员权限的设置与管理

D. 通行券、票证的管理;数据库、系统维护、网络管理;汇总、统计、查询、打印收费、管理、交通量等报表;数据存储、备份和安全保护

模拟试题二

说明:1. 本模拟试题设置单选题 30 道、判断题 30 道、多选题 20 道、综合题 5 道(含 25 道小题),总计 150 分;模拟自测时间为 150 分钟。

2. 本模拟试题仅供考生进行考前自测使用。

一、单项选择题(下列各题中,只有一个备选项最符合题意,请填写最符合题意的一个备选项,选错或不选不得分。每题 1 分。)

1.《公路工程质量检验评定标准 第一册 土建工程》(JTG F80/1—2004)适用于公路新建、改建工程质量检验评定的公路级别为( )。

A. 一级及一级以上 B. 二级及二级以上

C. 三级及三级以上 D. 四级及四级以上

2. 发光强度的单位是( )。

A. 坎德拉(cd) B. 流明(lm) C. 勒克斯(lx) D. 尼特(nt)

3. 在计算机系统中,构成虚拟存储器( )。

A. 只需要一定的硬件资源便可实现

B. 只需要一定的软件即可实现

C. 既需要软件也需要硬件方可实现

D. 既不需要软件也不需要硬件

4. 盐雾试验结果的常用表述方法有:按腐蚀物的外观特征、按腐蚀百分比、按腐蚀率、( )和按经验划分。

A. 按重量增减 B. 盐雾沉降率 C. 钠盐分析法 D. 气体色相

5. 监控设施工程属于机电工程中的( )。

A. 单项工程 B. 单位工程 C. 分部工程 D. 分项工程

6. 防腐涂层厚度检测所用仪器一般是( )。

A. 微波测厚仪 B. 多普勒测厚仪 C. 超声波测厚仪 D. 射线测厚仪

7. 金属材料的强度性能试验值修约至( )。

A. 0.5MPa B. 1MPa C. 5MPa D. 10MPa

8. 测试标志板面色度性能时,制取的单色标志板面试样尺寸为( )。

A. 100mm × 100mm B. 150mm × 100mm

C. 150mm×150mm　　D. 200mm×150mm

9. 反光膜的技术要求包括一般要求、外观质量、光度性能、耐候性能等(　　)。

A. 十项要求　　B. 十二项要求　　C. 十四项要求　　D. 十六项要求

10. 正常使用期间的反光标线,黄色反光标线的逆反射亮度系数不应低于(　　)。

A. $50mcd \cdot m^{-2} \cdot lx^{-1}$　　B. $60mcd \cdot m^{-2} \cdot lx^{-1}$

C. $70mcd \cdot m^{-2} \cdot lx^{-1}$　　D. $80mcd \cdot m^{-2} \cdot lx^{-1}$

11. 水性路面标线涂料(　　)。

A. 耐磨和抗滑性能好　　B. 重涂施工难度大

C. 存在严重污染环境的问题　　D. 施工效率低

12. ϕ4.0~5.0mm 钢丝的热塑性粉末涂料双涂层厚度为(　　)。

A. 0.10~0.55mm　　B. 0.15~0.60mm

C. 0.20~0.65mm　　D. 0.25~0.70mm

13. 公路安全护栏碰撞能量的最低值为(　　)。

A. 50kJ　　B. 70kJ　　C. 90kJ　　D. 100kJ

14. 波形梁板总直线度不得大于波形梁板定尺长度的(　　)。

A. 0.1%　　B. 0.15%　　C. 0.2%　　D. 0.25%

15. 3mm≤t<6mm 钢板的单面平均镀锌层附着量为(　　)。

A. $500g/m^2$　　B. $600g/m^2$　　C. $700g/m^2$　　D. $800g/m^2$

16. 双涂层构件时,钢管、钢板、钢带加工成型后热浸镀锌单面平均锌层质量为(　　)。

A. $120g/m^2$　　B. $150g/m^2$　　C. $270g/m^2$　　D. $350g/m^2$

17. 双涂层构件时,使用连续热镀锌钢板和钢带成型后热浸镀锌双面平均锌层质量为(　　)。

A. $120g/m^2$　　B. $150g/m^2$　　C. $270g/m^2$　　D. $350g/m^2$

18. 玻璃钢防眩板的厚度为(　　)。

A. 1.5~3.0mm　　B. 2.0~3.5mm　　C. 2.5~4.0mm　　D. 3.0~4.5mm

19. 观测角 0.2°、水平入射角 0°时,A1 类白色突起路标的发光强度系数最小值为(　　)。

A. $380mcd \cdot lx^{-1}$　　B. $480mcd \cdot lx^{-1}$　　C. $580mcd \cdot lx^{-1}$　　D. $680mcd \cdot lx^{-1}$

20. 附着式轮廓标采用合成树脂类材料做支架或底板时,其抗弯强度应不低于(　　)。

A. 30MPa　　B. 35MPa　　C. 40MPa　　D. 45MPa

21. 玻璃纤维增强塑料产品耐自然暴露性能试验的时间为(　　)。

A. 2 年　　B. 3 年　　C. 4 年　　D. 5 年

22. 视频车辆检测器的线圈安放在(　　)。

A. 车道上方　　B. 车道下方　　C. 车道地下　　D. 显示屏上

23. 下列检测设备中,属于交通信息检测设备的是(　　)。

A. 火灾检测器　　B. 能见度检测器

C. 冰、雪检测器　　D. 视频车辆检测器

24. 我国新建的交通通信专网传输制式大多采用(　　)。

A. PDH　　B. SDH　　C. PCM　　D. ATK

25. SDH 的净负荷矩阵开始的第一行第一列起始位置为(　　)。

A. $1,9\times N$　　B. $1,10\times N$　　C. $1,9\times(N+1)$　　D. $1,270\times N$

26. 汽车号牌视频自动识别系统输出的数字图片格式为(　　)。

A. BMP　　B. JP　　C. PCX　　D. PNG

27. 收费天棚信号灯的色度测量仪器为(　　)。

A. 亮度计　　B. 色度计　　C. 色品坐标计　　D. 分光计

28. 配线架对配电箱绝缘电阻要求(　　)。

A. ≥2MΩ　　B. ≥10MΩ　　C. ≥50MΩ　　D. ≥100MΩ

29. 收费亭、监控中心等场所在选择灯具时,其显色性(R_a)应为(　　)。

A. $R_a\geqslant 80$　　B. $R_a\geqslant 40$　　C. $R_a\geqslant 60$　　D. 不用考虑其显色性

30. 隧道报警与诱导设施数据传输性能要求 24h 观察时间内(　　)。

A. $BER\leqslant 10^{-6}$　　B. $BER\leqslant 10^{-7}$　　C. $BER\leqslant 10^{-8}$　　D. $BER\leqslant 10^{-9}$

二、判断题(请对下列题述观点正确与否进行判断,判断准确得分,否则不得分。每题1分。)

1. 光源的色温用摄氏温度(℃)表示。

(　　)正确　　(　　)不正确

2. 减色系统的三基色为黄、青、紫。

(　　)正确　　(　　)不正确

3. 电磁干扰有传导干扰和辐射干扰两种。

(　　)正确　　(　　)不正确

4. 机电工程实测关键项目的合格率不得低于 90%。

(　　)正确　　(　　)不正确

5. 交通安全设施每标段为一单位工程。

(　　)正确　　(　　)不正确

6. 超声测厚仪检测前要校准,校准方法为用校准试块校准。

(　　)正确　　(　　)不正确

7. 抱箍、紧固件等小型构件,其镀锌量不低于 $350g/m^2$。

(　　)正确　　(　　)不正确

8. 标志板面普通材料色白色的亮度因数要求≥0.75。

( )正确 ( )不正确

9. 逆反射系数为平面逆反射表面上的发光强度系数除以它的表面面积的商。

( )正确 ( )不正确

10. 逆反射亮度系数的单位为 $cd \cdot m^{-2} \cdot lx^{-1}$(坎德拉每勒克斯每平方米)。

( )正确 ( )不正确

11. 遮盖率为路面标线涂料在相同条件下,分别涂覆于亮度因数不超过5%黑色底板上和亮度因数不低于80%白色底板上的遮盖力之比。

( )正确 ( )不正确

12. 粉末涂料最低取样量不得少于4袋,在所抽取袋中的中心部位取样500g以上。

( )正确 ( )不正确

13. B级护栏的设计碰撞能量为70kJ。

( )正确 ( )不正确

14. 护栏板、立柱、垫板、过渡板、端头单面平均铝层质量为 $120g/m^2$。

( )正确 ( )不正确

15. 公路复合隔离栅立柱弦高的偏差为±1mm。

( )正确 ( )不正确

16. 公路复合隔离栅立柱的弯曲度不大于2mm/m。

( )正确 ( )不正确

17. 钢板网平整度包括长节距方向平整度 h、网面两边短节距方向平整度 h_1、网面中间短节距方向平整度 h_2。

( )正确 ( )不正确

18. 玻璃钢防眩板的氧指数(阻燃性能)要求≥20%。

( )正确 ( )不正确

19. 浮充电是一种将充电电路和储能元件的供电电路并联到负载上,充电电路在向负载供电的同时,仍向储能元件充电,只有当充电电路断开时储能元件才向负载供电的充电运行方式。

( )正确 ( )不正确

20. 逆反射材料色品坐标的测定条件为:标准A光源;照明观测条件为:入射角0°,观测角0.2°,视场角0.1°~1°。

( )正确 ( )不正确

21. 硅芯管色条颜色为蓝、橙、绿、棕、灰、白、红、黑、黄、紫、粉红、青绿。

( )正确 ( )不正确

22. 监控室内的噪声应控制在80dB(A)以内。

( )正确　　　　( )不正确

23. 回波E的允许值为<5% KF。

( )正确　　　　( )不正确

24. SDH的段开销包括再生段开销、管理段开销和复用段开销。

( )正确　　　　( )不正确

25. 单模光纤接头损耗平均值≤0.2dB。

( )正确　　　　( )不正确

26. 收费系统网络安全,就是指网络病毒侵害。

( )正确　　　　( )不正确

27. 发卡设备可靠性测试为连续读写500张测试卡,读发卡设备无卡滞,用计算机软件核对应无错误。

( )正确　　　　( )不正确

28. 备用发电机组控制柜安装后,要求其绝缘电阻≥2MΩ。

( )正确　　　　( )不正确

29. 公路一级和二级照明的环境比(SR)均为0.5。

( )正确　　　　( )不正确

30. 人车混合通行的隧道中,中间段亮度不得低于2.5cd/m^2。

( )正确　　　　( )不正确

三、多项选择题(在下列各题的备选答案中,有两个或两个以上的备选项符合题意,请填写符合题意的备选项,选项部分正确按比例得分,出现错误选项该题不得分,完全正确的得满分。每题2分。)

1. 当光入射到实际的材料表面时会产生( )。

A. 漫反射　B. 镜面反射　C. 临界反射　D. 逆反射

2. 交通工程常用的系统分析方法有( )。

A. 非线性规划　B. 排队论　C. 灰色模型法　D. 神经网络法

3. 电流的效应有( )。

A. 热效应　B. 光效应　C. 磁效应　D. 化学效应

4. 建设项目质量等级评定为合格,要求( )。

A. 项目所含单位工程全部合格　B. 项目所含分部工程全部合格

C. 项目所含分项工程全部合格　D. 项目所含检验批全部优良

5. 同块标志板的底板和板面所用材料不具有相容性,其损坏因素有( )。

A. 热膨胀系数　　B. 电化学作用

C. 磁场作用　　D. 其他化学作用

6. Ⅰ类反光膜的特点是(　　)。

A. 称工程级反光膜　　B. 使用寿命一般为 7 年

C. 通常为透镜埋入式玻璃珠型结构　　D. 用于永久性交通标志和作业区设施

7. 标线长度以及间断线纵向间距的允许误差为(　　)。

A. 6000mm 长允许误差 ±30mm　　B. 5000mm 长允许误差 ±25mm

C. 4000mm 长允许误差 ±20mm　　D. 1000mm 长允许误差 ±10mm

8. 遮盖率(Z)为(　　)。

A. 涂覆于亮度因数不超过 5% 黑色底板上的路面标线涂料的遮盖力 C_L

B. 涂覆于亮度因数不低于 80% 白色底板上的路面标线涂料的遮盖力 C_H

C. $Z = C_L/C_H$

D. $Z = C_H/C_L$

9. 对粉末涂料进行取样的要求是(　　)。

A. 最低取样量不得少于 3 袋

B. 最低取样量不得少于 4 袋

C. 在所抽取袋中的中心部位取样 300g 以上

D. 在所抽取袋中的中心部位取样 500g 以上

10. 护栏钢管立柱的规格及代号是(　　)。

A. ϕ100mm ×4.5mm,G-R　　B. ϕ114mm ×4.5mm,G-T

C. ϕ140mm ×4.5mm,G-F　　D. ϕ140mm ×4.5mm,G-H

11. 依据成型工艺的不同,可将隔离栅网片产品分为(　　)。

A. 焊接网型　　B. 刺钢丝网型　　C. 编织网型　　D. 钢板网型

12. 突起路标地面以上有效高度的规格有(　　)。

A. 15mm　　B. 20mm　　C. 25mm　　D. 30mm

13. 轮廓标耐候性能试验要求(　　)。

A. 连续自然暴露一年　　B. 连续自然暴露两年

C. 或人工气候加速老化试验 1200h　　D. 或人工气候加速老化试验 1500h

14. 玻璃纤维增强塑料产品耐低温冲击性能试验的要点是(　　)。

A. 试样长度不小于 300mm

B. 试验温度为 -40℃ ±2℃,恒温 2h 后

C. 1kg 重钢球于试样正上方 1m 处自由落下冲击样品

D. 观测试验结果

15. 电视的制式有(　　)。

A. PAL　　B. NTSC　　C. SECAM　　D. SENTSCC

16. 下列测试内容中,与光纤数字传输系统有关的测试项目有(　　)。

A. 光接口及电接口测试

B. 抖动及误码测试

C. 保护倒换及语音提示功能测试

D. 接通率及局间中继测试

17. 收费站计算机系统的主要功能有(　　)。

A. 数据查询　　B. 信息上传　　C. 数据备份　　D. 收费监视

18. 低压配电系统按保护接地的形式可分为(　　)。

A. TN 系统　　B. TT 系统　　C. IT 系统　　D. TNT

19. 以照明器的正确选择为前提,照明器沿车道布置形式的依据除了要考虑路面平均照度均匀度和眩光抑制等技术指标外,还要考虑(　　)。

A. 诱导性良好　　B. 发光效率高　　C. 节能　　D. 安装尺寸

20. 隧道照明划分的功能区段有(　　)。

A. 洞外段　　B. 适应段和过渡段

C. 引入段　　D. 基本段和出口段

四、综合题(按所给问题的背景资料,正确分析并回答问题。每大题有 5 小题,每小题有四个备选项,请从中选出一个或一个以上正确答案,选项全部正确得分,出现漏选或错误选项均不得分。每小题 2 分。)

1. 拟对某批Ⅲ类白色反光膜(无金属镀层)做色度性能试验,请判断。

(1)反光膜在白天的色度性能指标有(　　)。

A. 昼间色　　B. 表面色　　C. 色品坐标　　D. 亮度因数

(2)反光膜在夜间的色度性能指标有(　　)。

A. 昼间色　　B. 表面色　　C. 色品坐标　　D. 亮度因数

(3)白色在色品图(昼间色)中大致位置为(　　)。

A. 左上角　　B. 右下角　　C. 中间　　D. 左下角

(4)色品检测仪器有(　　)。

A. 色差计　　B. 非接触式色度计

C. 逆反射测量仪　　D. 亮度计

(5)测得色品坐标 $X=0.310$, $Y=0.320$;亮度因数为 0.29,该膜是否合格(　　)。

A. 色品坐标不合格　　B. 色品坐标合格

C. 亮度因数不合格　　　　D. 亮度因数合格

2. 试回答波形梁护栏的施工工艺相关问题。

(1)立柱放样的施工要点有(　　)。

A. 依设计文件进行立柱放样,并以桥梁、通道等控制立柱的位置,进行测距定位

B. 立柱放样时,可利用调节板调节间距,并利用分配方法处理间距零头数

C. 调查立柱所在处是否存在地下管线等设施

D. 调查立柱所在处构造物顶部埋土深度不足的情况

(2)立柱安装的施工要求有(　　)。

A. 立柱安装应与设计文件相符,并与公路线形相协调

B. 土基中的立柱可采用打入法、挖埋法或钻孔法施工

C. 石方区的立柱,应根据设计文件的要求设置混凝土基础

D. 位于小桥、通道、明涵等混凝土基础中的立柱,可设置在预埋的套筒内

(3)打入法施工的要点有(　　)。

A. 打入过深时不得将立柱部分拔出矫正,必须将其全部拔出,将基础压实后重新打入

B. 立柱高程应符合设计要求,并不得损坏立柱端部

C. 立柱无法打入到要求深度时,严禁将立柱地面以上部分焊割、钻孔

D. 不得使用锯短的立柱

(4)挖埋施工的要点有(　　)。

A. 回填土应采用良好的材料并分层夯实

B. 回填土的压实度不应小于设计值

C. 回填土的压实度高于设计值的 1.2 倍

D. 填石路基中的柱坑,应用粒料回填并夯实

(5)钻孔法施工的要点有(　　)。

A. 立柱定位后,应采用与路基相同的材料回填并分层夯填密实

B. 在铺有路面的路段设置立柱时,柱坑从路基至面层以下 5cm 处应采用与路基相同的材料回填并分层夯实

C. 余下的部分应采用与路面相同的材料回填并压实

D. 位于混凝土基础中的立柱,可设置在预埋的套筒内,通过灌注砂浆或混凝土固定,或通过地脚螺栓与桥梁护轮带基础相连

3. 试回答太阳能突起路标检验项目的相关问题。

(1)太阳能突起路标的所有型式检验项目有(　　)。

A. 一般要求、外观质量、外形尺寸、匹配性能、循环耐久性发光器件的性能、整体发光强度

B. 发光器色度性能、发光强度系数、逆反射器的色度性能、闪烁频率、夜间视认距离、

耐溶剂性能

C. 密封性能、耐磨损性能、耐冲击性能、抗压荷载、耐低温性能、耐高温性能

D. 耐湿热性能、耐温度交变循环性能、耐机械振动性能、耐循环盐雾性能、耐候性能

(2)太阳能突起路标的出厂检验必检项目为(　　)。

A. 一般要求、外观质量、外形尺寸

B. 匹配性能、整体发光强度、发光器色度性能

C. 发光强度系数、逆反射器的色度性能、闪烁频率

D. 夜间视认距离、密封性能、耐磨损性能

(3)太阳能突起路标的出厂检验不检项目为(　　)。

A. 循环耐久性　　B. 耐高温性能

C. 抗压荷载　　D. 耐候性能

(4)太阳能突起路标的出厂检验选检项目为(　　)。

A. 夜间视认距离、耐磨损性能

B. 耐冲击性能、抗压荷载

C. 耐低温性能、耐高温性能、耐湿热性能

D. 耐温度交变循环性能、耐机械振动性能、耐循环盐雾性能

(5)太阳能突起路标的验收检验应按(　　)相关规定执行。

A.《公路交通安全设施质量检验抽样方法》(JT 495—2001)

B.《公路交通安全设施质量检验抽样方法》(JT/T 495—2001)

C.《公路交通安全设施质量检验抽样方法》(JT 495—2014)

D.《公路交通安全设施质量检验抽样方法》(JT/T 495—2014)

4. 回答环形线圈车辆检测器试验的相关问题。

(1)环形线圈车辆检测器一般应在下列条件下进行试验(　　)。

A. 环境温度 15 ~ 35℃　　B. 相对湿度 25% ~ 75%

C. 大气压力 86 ~ 106kPa　　D. 常态人工加速老化条件下

(2)环形线圈车辆检测器测试结果的处理(　　)。

A. 一般对可重复的客观测试项目进行 3 次测试,取算术平均值作为测试结果

B. 给出测试结果的测量不确定度

C. 主观测试项目,测试人员应不少于 2 人

D. 测试结果分为合格、不合格两级

(3)环形线圈车辆检测器车速相对误差试验仪器为(　　)。

A. 雷达测速仪　　B. 可见光视频测速仪

C. 红外视频测速仪　　D. 环形线圈车辆检测器

(4)其车速相对误差试验的小型客车数据如下,求每次试验的相对误差分别为(　　)。

标称速度(km/h)	60	60	80	80	100	100	110	110	120	120
车检器测速(km/h)	64	65.5	85	87	106	105	118	120	128	125
雷达测速(km/h)	61	62	82	81	100	102	111	113	121	120

A. 10 次试验的相对误差(%)分别为:

1	2	3	4	5	6	7	8	9	10
3.0	3.5	3.0	6.0	6.0	3.0	7.0	7.0	7.0	5.0

B. 10 次试验的相对误差(%)分别为:

1	2	3	4	5	6	7	8	9	10
4.0	5.5	5.0	7.0	6.0	5.0	8.0	10.0	8.0	5.0

C. 10 次试验的相对误差(%)分别为:

1	2	3	4	5	6	7	8	9	10
4.9	5.6	3.7	7.4	6.0	2.9	6.3	6.2	5.8	4.2

D. 10 次试验的相对误差(%)分别为:

1	2	3	4	5	6	7	8	9	10
4.7	5.3	3.5	6.9	5.7	2.9	5.9	5.8	5.5	4.0

(5)依据以上数据,判断该环形线圈车辆检测器车速相对误差值(　　)。

A. 合格　　B. 不合格

C. 取样数量不够　　D. 取样数量足够

5. 关于公路光纤数字传输系统几个重要的参数及定义。

(1)系统接受光功率 $P_1 \geq P_R + M_C + M_e$,式中(　　)。

A. P_1-接收端实测系统接收光功率

B. P_R-接收器的接收灵敏度

C. M_C-光缆富余度

D. M_e-光缆吸收功率

(2)系统接受光功率测试(　　)。(见下图)

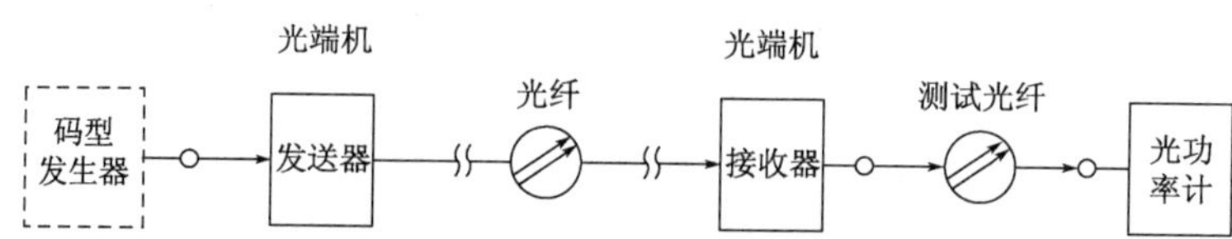

A. 按图连接,码型发生器可不用,如用则按输入速率等级选择合适的伪随机序列,输出至待测发送器的输入口

B. 测试光纤分别插入接收器连接器和光功率连接器

C. 检查激光器的偏置电流(或输入功率)及温度是否正常

D. 光功率计设置好待测波长,待光功率计读数稳定后读出的值就是系统接受光功率 P_1

(3)平均发送光功率为(　　)。

A. 光端机光源输出的平均光功率

B. 光端机光源尾纤输出的平均光功率

C. 光端机输入端开路状态

D. 光端机输入端短路状态

(4)平均发送光功率的测试(　　)。(见下图)

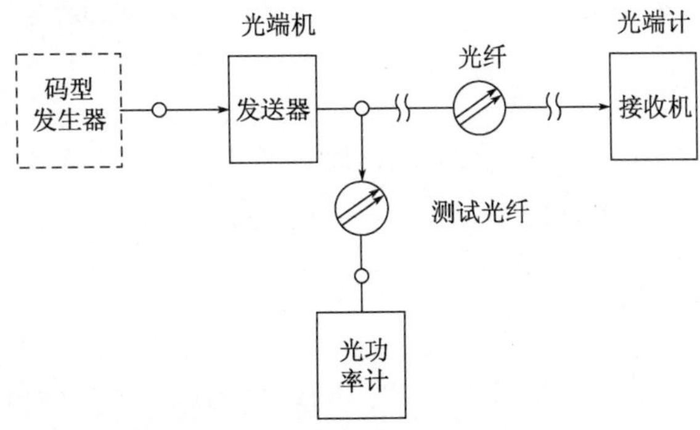

A. 按图连接,码型发生器可不用,如用则按输入速率等级适择合适的伪随机序列,输出至待测发送器做输入口

B. 测试光纤分别插入接收器连接器和光功率连接器

C. 检查激光器的偏置电流(或输入功率)及温度是否正常

D. 光功率计设置好待测波长,待光功率计读数稳定后读出的值就是平均发送光功率

(5)光接收灵敏度 P_R 为(　　)。

A. 在给定的误码率的条件下

B. 光接收机所能接收的最小平均光功率

C. 表示光接收机接收微弱信号的能力

D. 灵敏度的单位一般用 dBm 表示,它表示的是与 1mW 功率相比较的绝对功率电平,计算公式为 $P_R = 10\lg P_{min}/1(mW)$。式中:$P_R$-灵敏度;$P_{min}$-测试的最小平均功率电平

模拟试题三

说明:1. 本模拟试题设置单选题30道、判断题30道、多选题20道、综合题5道(含25道小题),总计150分;模拟自测时间为150分钟。

2. 本模拟试题仅供考生进行考前自测使用。

一、单项选择题(下列各题中,只有一个备选项最符合题意,请填写最符合题意的一个备选项,选错或不选不得分。每题1分。)

1.《公路交通安全设施设计规范》(JTG D81)颁布于( )年。

A. 2004　B. 2005　C. 2006　D. 2007

2. 1单位立体角内发射1流明的光,其对应量为( )。

A. 亮度:1尼特(nt)　B. 光通量:1流明(lm)

C. 照度:1勒克斯(lx)　D. 发光强度:1坎德拉(cd)

3. 下列关于软件开发的叙述中,与提高软件可移植性相关的是( )。

A. 选择时间效率高的算法

B. 尽可能减少注释

C. 选择空间效率高的算法

D. 尽量用高级语言编写系统中对效率要求不高的部分

4. 工程质量检验评分单元为( )。

A. 单位工程　B. 分部工程　C. 分项工程　D. 合同段

5. 循环盐雾试验严酷等级(1)为( )。

A. 四个喷雾周期,每个2h,每组喷雾周期后有一个为期7天的湿热贮存周期

B. 八个喷雾周期,每个4h,每组喷雾周期后有一个为期7天的湿热贮存周期

C. 二个喷雾周期,每个2h,每组喷雾周期后有一个为期22h的湿热贮存周期

D. 四个喷雾周期,每个2h,每组喷雾周期后有一个为期5天的湿热贮存周期

6. 评定为不合格的分项工程,经加固、补强或返工调测,满足设计要求后可以重新评定其质量等级,但计算分部工程评分值时按其复评分值的( )计算。

A. 80%　B. 85%　C. 90%　D. 95%

7. 标志板抗冲击性能测试标准为( )。

A.《道路交通反光膜》(GB 18833—2002)

B.《道路交通反光膜》(GB/T 18833—2002)

C.《道路交通反光膜》(GB 18833—2012)

D.《道路交通反光膜》(GB/T 18833—2012)

8. 标志板面普通材料色白色的亮度因数要求(　　)。

A. ≥0.35　　B. ≥0.55　　C. ≥0.75　　D. ≥0.95

9. 电网供电型发光标志的电源接线端子与机壳的绝缘电阻应不小于(　　)。

A. 50MΩ　　B. 70MΩ　　C. 100MΩ　　D. 150MΩ

10. 标线设置角度的允许误差为(　　)。

A. ±1°　　B. ±2°　　C. ±3°　　D. ±5°

11. 高折射率玻璃珠为(　　)。

A. RI≥1.60　　B. RI≥1.70　　C. RI≥1.80　　D. RI≥1.90

12. 钢以外其他基材的热塑性粉末涂料双涂层厚度为(　　)。

A. 0.15～0.50mm　　B. 0.20～0.55mm

C. 0.25～0.60mm　　D. 0.30～0.65mm

13. 公路安全护栏碰撞能量的最高值为(　　)。

A. 450kJ　　B. 520kJ　　C. 590kJ　　D. 660kJ

14. 4320mm 长波形梁板的长度误差为(　　)。

A. ±1mm　　B. ±2mm　　C. ±3mm　　D. ±5mm

15. $t<1.5$mm 钢板的单面平均镀锌层附着量为(　　)。

A. 295g/m^2　　B. 395g/m^2　　C. 495g/m^2　　D. 595g/m^2

16. 双涂层构件时，紧固件、连接件镀锌后涂塑(聚酯)层的厚度为(　　)。

A. >0.066mm　　B. >0.071mm

C. >0.076mm　　D. >0.081mm

17. 下列关于试验用高低温湿热试验箱要求，错误的是(　　)。

A. 高温上限不低于 100℃

B. 低温下限不高于 -40℃，波动范围 ±1℃

C. 气压 101.33kPa ±2.5%

D. 最大相对湿度不低于 95%，波动范围 ±2.5%

18. 防眩板通用理化性能之一的抗风荷载 F 取值为(　　)。

A. 1547.5N/m^2　　B. 1647.5N/m^2

C. 1747.5N/m^2　　D. 1847.5N/m^2

19. 突起路标红色逆反射器的颜色系数为(　　)。

A. 0.1　　B. 0.2　　C. 0.3　　D. 0.5

20. 轮廓标表面色黑色的亮度因数为(　　)。

A. ≤0.01　　B. ≤0.02

C. ≤0.03　　D. ≤0.05

21. 玻璃纤维增强塑料管箱的拉伸(沿管箱宽度方向)强度为(　　)。

A. ≥76MPa　　B. ≥86MPa

C. ≥96MPa　　D. ≥106MPa

22. 某检测仪精度为1%,其量程为10V,该仪器的最大绝对误差是(　　)。

A. ±0.001V　　B. ±0.01V　　C. ±0.1V　　D. 1V

23. 气象检测器的数据传输性能采用数据传输测试仪实测,标准为(　　)。

A. BER≤10^{-6}　　B. BER≤10^{-7}

C. BER≤10^{-8}　　D. BER≤10^{-9}

24. SDH 同步数字传输系统中,STM-1 等级代表的传输速率为(　　)。

A. 155.080Mb/s　　B. 155.520Mb/s

C. 622.080Mb/s　　D. 622.520Mb/s

25. 在我国采用的 SDH 复用结构中,如果按 2.048Mb/s 信号直接映射入 VC-12 的方式,一个 VC-4 中最多可以传送 2.048Mb/s 信号的路数为(　　)。

A. 30　　B. 32　　C. 63　　D. 64

26. 收费读写卡设备的响应时间以及对异常卡的处理实测次数为(　　)次。

A. 20　　B. 40　　C. 60　　D. 100

27. 某测试的实测过程为:任意流程时关闭车道控制器(车道计算机)电源,要求车道工作状态正常,加电后数据无丢失。该测试为(　　)。

A. 断电数据完整性测试　　B. 突发事件测试

C. 断网测试　　D. 误码测试

28. 相线全程对绝缘护套的绝缘电阻要求(　　)。

A. ≥2MΩ　　B. ≥10MΩ　　C. ≥50MΩ　　D. ≥100MΩ

29. 对升降式高杆照明灯防腐涂层厚度进行测试时,用测厚仪在被测件的两端及中间各随机抽取(　　)测量防腐层的厚度,取平均值作为测量结果。

A. 三处共计 9 点　　B. 三处共计 15 点

C. 六处共计 18 点　　D. 六处共计 36 点

30. 隧道警报器音量要求(　　)。

A. 66 ~ 70dB(A)　　B. 76 ~ 90dB(A)

C. 96 ~ 120dB(A)　　D. 116 ~ 140dB(A)

二、判断题(请对下列题述观点正确与否进行判断,判断准确得分,否则不得分。每题1分。)

1. 用色温的概念完全可以描述连续光谱光源的颜色特性。

( )正确 ( )不正确

2. 入射光方向变化较大时,反射光仍从接近入射光的反方向返回称为逆反射。

( )正确 ( )不正确

3. 称重判定不适用对某种金属耐腐蚀质量进行考核。

( )正确 ( )不正确

4. 分项工程评分值 = 分项工程得分 - 外观缺陷减分。

( )正确 ( )不正确

5. 交通安全设施每单位工程下划分道路交通标志、道路交通标线、护栏、防眩设施、隔离栅5个分部工程。

( )正确 ( )不正确

6. 公路机电设备的镀锌层厚度不得低于85μm。

( )正确 ( )不正确

7. 抱箍、紧固件等小型构件,其镀锌量不低于350g/m^2。

( )正确 ( )不正确

8. 标志板面普通材料色黑色的亮度因数要求≥0.03。

( )正确 ( )不正确

9. 在Ⅰ类逆反射系数 R_A 值表中,最小逆反射系数值要求最低的颜色为白色。

( )正确 ( )不正确

10. 双组分涂料标线按其施工方式,可划分为喷涂型、刮涂型、结构型和振荡型四种。

( )正确 ( )不正确

11. 遮盖力用亮度因数来描述,遮盖力与亮度因数成反比。

( )正确 ( )不正确

12. 耐风沙吹蚀性能过程为每持续吹尘8h,停止2h为一个周期,共三个周期。

( )正确 ( )不正确

13. SS级护栏的设计碰撞能量为520kJ。

( )正确 ( )不正确

14. 防阻块、紧固件、托架单面的平均铝层质量为110g/m^2。

( )正确 ( )不正确

15. 单涂层构件宜采用热塑性涂塑层。

(　　)正确　　　　　　　　　　　　(　　)不正确

16. 钢丝涂塑层厚度为0.25~0.38mm,钢丝直径越粗,其涂塑层越薄。

(　　)正确　　　　　　　　　　　　(　　)不正确

17. 钢板网弯曲性能为钢板网(厚度大于3mm的除外)弯曲90°无折断现象。

(　　)正确　　　　　　　　　　　　(　　)不正确

18. 玻璃钢防眩板的密度要求≥1.5g/cm^3。

(　　)正确　　　　　　　　　　　　(　　)不正确

19. 太阳能突起路标的匹配性能是指太阳电池和储能元件应匹配良好,太阳电池在标准测试条件下放置8h,储能元件的额定容量应满足突起路标正常发光72h的需要。

(　　)正确　　　　　　　　　　　　(　　)不正确

20. 轮廓标自然暴露试验试样的尺寸应不小于150mm×250mm。

(　　)正确　　　　　　　　　　　　(　　)不正确

21. 玻璃纤维增强塑料管箱内壁的静摩擦系数≤0.53。

(　　)正确　　　　　　　　　　　　(　　)不正确

22. 测视频电平时,用电视信号发生器发送75%彩条信号,用视频测试仪检测。

(　　)正确　　　　　　　　　　　　(　　)不正确

23. 视频传输通道的实测项目视频信杂比准值≥56dB(加权)。

(　　)正确　　　　　　　　　　　　(　　)不正确

24. SDH采用了同步复用方式和灵活的复用映射结构。

(　　)正确　　　　　　　　　　　　(　　)不正确

25. 光纤接续点接头损耗值只需要用后向散射法(COTR)在一个方向上测试即可得出。

(　　)正确　　　　　　　　　　　　(　　)不正确

26. 本网计算机IP地址为10.0.0.0~10.255.255.255。

(　　)正确　　　　　　　　　　　　(　　)不正确

27. 联网收费系统的结算模式有以下两种主要形式:第一种为通行费的计算和拆分按车辆的实际行驶路径为基础;第二种为统收统分结算模式,即通行费统一收缴,定期按各收费单位投资规模、建设里程、交通量、养护费用等因素确定分配比例。

(　　)正确　　　　　　　　　　　　(　　)不正确

28. 不间断供电装置(UPS)静态旁路开关的切换时间一般为2~10ms。

(　　)正确　　　　　　　　　　　　(　　)不正确

29. 公路照明质量宜优先符合亮度要求。

(　　)正确　　　　　　　　　　　　(　　)不正确

30. 公路隧道灯具防护等级不应低于 IP55。

( )正确　　　　( )不正确

三、多项选择题(在下列各题的备选答案中,有两个或两个以上的备选项符合题意,请填写符合题意的备选项,选项部分正确按比例得分,出现错误选项该题不得分,完全正确的得满分。每题 2 分。)

1. 彩色光的基本参数有(　　)。

A. 明亮度　　B. 色差　　C. 饱和度　　D. 色调

2. 标准包含的要义为(　　)。

A. 获得最佳秩序　　B. 各方协商一致

C. 重复性的事物　　D. 公认的权威机构批准发布

3. 分项工程中关键项目的决定因素为(　　)。

A. 安全　　B. 卫生　　C. 环境保护　　D. 公众利益

4. 下列视效率为零的光是(　　)。

A. 320nm　　B. 515nm　　C. 810nm　　D. 1320nm

5. 发光道路交通标志电气强度试验要求(　　)。

A. 电源接线端子与机壳之间施加频率 50Hz、1500V 正弦交流电

B. 历时 1min

C. 应无火花、闪络和击穿现象

D. 漏电电流不大于 5mA

6. Ⅰ类反光膜逆反射系数 R_A 值表中观测角有(　　)。

A. 0.2°　　B. 0.5°　　C. 1°　　D. 1.5°

7. 热熔喷涂施工设备按喷涂方式可分为(　　)。

A. 低压有气喷涂型　　B. 高压有气喷涂型

C. 离心喷涂型　　D. 螺旋喷涂型

8. 水性路面标线涂料是一种新型的环保涂料,其优点为(　　)。

A. 固体含量高、VOC 含量低　　B. 对玻璃珠有很好的附着力

C. 涂膜耐磨和抗滑性能好　　D. 重涂简单、施工效率高

9. 涂层理化性能试验项目有(　　)。

A. 涂层厚度、涂层附着性能

B. 涂层耐冲击性、涂层抗弯曲性、涂层耐低温脆化性能

C. 涂层耐化学腐蚀性、涂层耐盐雾性能、涂层耐湿热性能

D. 涂层耐磨性、涂层耐电化学腐蚀性、涂层绝缘性

10. 波形梁板立柱端头防阻块托架横隔梁加强板等所用钢材的主要力学性能考核指标为(　　)。

A. 下屈服强度不小于 235MPa　　B. 上屈服强度不小于 285MPa

C. 抗拉强度不小于 375MPa　　D. 断后伸长率不小于 26%

11. 隔离栅不同部件的涂塑层厚度为(　　)。

A. $\phi \leqslant 1.8$mm 钢丝:0.30mm

B. 1.8mm $< \phi \leqslant 4.0$mm 钢丝:0.30mm

C. 4.0mm $< \phi \leqslant 5.0$mm 钢丝:0.38mm

D. 钢管、钢板、钢带、紧固件、连接件:0.38mm

12. 太阳能突起路标耐机械振动性能试验要点有(　　)。

A. 将试样固定于振动台,在振动频率 2 ~ 150Hz 的范围内进行扫频试验

B. 在 2 ~ 9Hz 时按位移控制,位移 3.5mm

C. 在 9 ~ 150Hz 时按加速度控制,加速度为 $10m/s^2$

D. 2Hz—9Hz—150Hz—9Hz—2Hz 为一个循环,共经历 20 个循环

13. 轮廓标人工气候加速老化试验条件为(　　)。

A. 氙灯作为光源

B. 光谱波长为 290 ~ 800nm 时,其辐射强度为 $1000W/m^2 \pm 100W/m^2$

C. 光谱波长低于 290nm 光线的辐射强度不应大于 $1W/m^2$

D. 箱内:黑板温度为 65℃ ±3℃

14. 玻璃纤维增强塑料产品耐水性能仲裁试验要点有(　　)。

A. 试验用水应为蒸馏水或去离子水　　B. 试验水温为 23℃ ±2℃

C. 试验 720h 后　　D. 测定试样的外观质量和弯曲强度保留率

15. 目前光纤通信常用的波长为(　　)。

A. 850nm　　B. 1310nm　　C. 1490nm　　D. 1550nm

16. 光纤通信系统的传输质量实测指标主要有(　　)。

A. 误码指标　　B. 抖动

C. 漂移指标　　D. 电接口允许比特容差

17. 联网收费计算机网络系统的结构与技术一般为(　　)。

A. 开放式的体系结构　　B. 树状星形拓扑结构

C. TCP/IP 网络协议　　D. 宽带专用通信系统

18. 公路现场检测中,检验电工、电子产品电气绝缘是否符合要求的指标是(　　)。

A. 绝缘电阻　　B. 泄漏电流　　C. 击穿电压　　D. 电气绝缘强度

19. 升降式高杆照明装置的配电箱、升降系统等电工电子产品部件的环境适应性能试验有

( )。

A. 耐低温性能：-20℃(-40℃、-55℃)条件下试验8h，应工作正常

B. 耐高温性能：在+55℃(+50℃、+45℃)条件下试验8h，应工作正常

C. 耐湿热性能：在温度+40℃，相对湿度(98±2)%条件下试验48h，应工作正常

D. 耐盐雾腐蚀性能：构件经168h盐雾试验后，应无明显锈蚀现象，金属构件应无红色锈点，电气部件应工作正常。

20. 出于高速公路隧道本身的特殊性，其与一般路段或匝道的不同之处在于它存在( )。

A. 消防系统　　B. 通风控制

C. 火灾报警控制　　D. 交通信号控制

四、综合题(按所给问题的背景资料，正确分析并回答问题。每大题有5小题，每小题有四个备选项，请从中选出一个或一个以上正确答案，选项全部正确得分，出现漏选或错误选项均不得分。每小题2分。)

1. 试回答突起型热熔型路面标线涂料性能要求的相关问题。

(1)其软化点为( )。

A. ≥100℃　　B. ≥120℃　　C. ≥150℃　　D. ≥200℃

(2)其抗压强度( )。

A. 23℃±1℃时，≥12MPa

B. 23℃±1℃时，≥15MPa

C. 50℃±2℃时，≥2MPa(压下试块高度的20%)

D. 50℃±2℃时，≥5MPa(压下试块高度的20%)

(3)涂层低温抗裂性为( )。

A. -10℃保持4h，室温放置4h为一个循环

B. -20℃保持8h，室温放置8h为一个循环

C. 连续做3个循环后应无裂纹

D. 连续做5个循环后应无裂纹

(4)其流动度为( )。

A. 30s±10s　　B. 35s±10s　　C. 40s±10s　　D. 55s±10s

(5)其加热稳定性为( )。

A. 200～220℃在搅拌状态下保持4h　　B. 200～240℃在搅拌状态下保持4h

C. 应无明显泛黄、焦化等现象　　D. 应无明显结块等现象

2. 试回答防腐蚀粉末涂料涂层耐盐雾性能的相关问题。

(1)按基底防护情况，涂层耐盐雾性能可分为( )。

A. 钢质基底无其他防护层 B. 钢质基底有其他防护层

C. 金属防护层基底 D. 非金属基底

(2)钢质基底无其他防护层涂层耐盐雾试验要点有( )。

A. 经8h试验后

B. 经24h试验后

C. 划痕部位任何一侧0.5mm外,涂层应无气泡现象

D. 划痕部位任何一侧0.5mm外,涂层应无剥离的现象

(3)金属防护层基底第Ⅰ段涂层耐盐雾试验要点( )。

A. 经8h试验后

B. 经24h试验后

C. 划痕部位任何一侧0.5mm外,涂层应无气泡现象

D. 划痕部位任何一侧0.5mm外,涂层应无剥离的现象

(4)金属防护层基底第Ⅱ段涂层耐盐雾试验要点( )。

A. 经24h试验后

B. 经200h试验后

C. 划痕部位任何一侧0.5mm外,涂层应无气泡现象

D. 基底金属无锈蚀

(5)涂层耐盐雾试验所用仪器及测试参数为( )。

A. 盐雾腐蚀试验箱 B. 温度

C. 流量 D. 压力

3. 试回答轮廓标逆反射体光度性能的问题。

(1)逆反射体光度性能必测参数有( )。

A. 发光强度系数 R B. 亮度 I

C. 照度 L D. 逆反射系数 R'

(2)逆反射体光度性能测量准备要点有( )。

A. 暗室中测试、标准A光源 B. 光探测器至试样距离(d)不小于15m

C. 试样尺寸不小于150mm×150mm D. 保证观测角从12′~1°或更大

(3)$E_{\perp}$值的测取操作包括( )。

A. 光探测器放在试样的参考中心位置

B. 正对着光源

C. 测量出垂直于试样表面的照度值$E_{\perp}$

D. 测量出平行于试样表面的照度值$E_{\perp}$

(4) E_r 值的测取操作包括(　　)。

A. 试样固定在样品架上,移动光探测器使观测角为 12′

B. 光的入射角 $\beta_2(\beta_1=0)$ 分别为 0°、±10°、±20°

C. 测出对应入射角时试样反射光产生的照度值 E_r(观测角为 12′时的 E_{r0}、E_{r10}、E_{r20})

D. 使观测角为 30′,重复选项 B、C 得到照度值 E_r(观测角为 30′时的 E_{r0}、E_{r10}、E_{r20})

(5)不同观测角和入射角条件下的发光强度系数 R 等于(　　)。(注:d 为试样参考中心与光探测器孔径表面的距离,单位为 m)

A. $R=(E_r d^2)/E_\perp$　　B. $R=E_r d^2/E_\perp$

C. $R=E_\perp d^2/E_r$　　D. $R=E_r/(E_\perp d^2)$

4. 试回答综合布线链路的相关问题。

(1)网络线对组合与连接都应符合 EIA/TIA586 的规定,正确的线对组合为(　　)。

A. 1/2,3/4,5/6,7/8　　B. 1/2,3/5,4/6,7/8

C. 1/2,3/6,4/5,7/8　　D. 1/3,2/4,5/8,6/7

(2)基本链路在 100MHz 时的最大允许衰减为(　　)。

A. 四类线为 25dB　　B. 五类线为 21.6dB

C. 五 E 类线为 21.6dB　　D. 六类线为 20.7dB

(3)基本链路在 10MHz 时的近端串扰最小衰耗值为(　　)。

A. 四类线为 38.6dB　　B. 五类线为 45.5dB

C. 五 E 类线为 49.0dB　　D. 六类线为 57.8dB

(4)基本链路在 100MHz 时的相邻线对综合近端串扰限定值为(　　)。

A. 四类线为 40.0dB　　B. 五类线为 45.5dB

C. 五 E 类线为 45.5dB　　D. 六类线为 55.5dB

(5)基本链路在 100MHz 时的综合远端串扰限定值为(　　)。

A. 四类线为 12.8dB　　B. 五类线为 14.4dB

C. 五 E 类线为 18.0dB　　D. 六类线为 22.2dB

5. 某路段照度测试现场如下图所示,测试数据如下表所示。

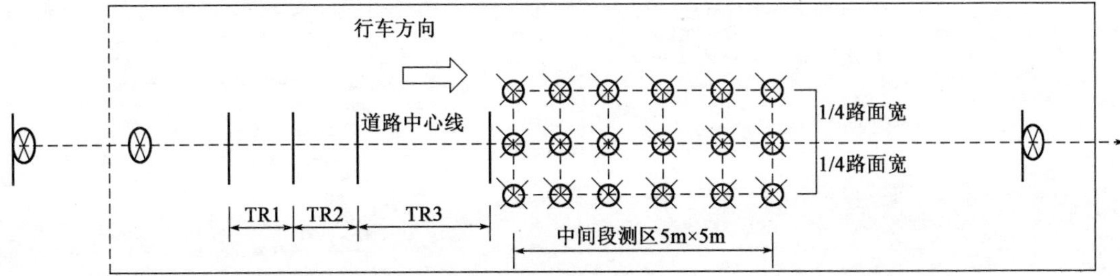

现场测试数据(单位:lx)

37.8	39.4	32.5	40.2	40.6	40.7
49.4	54.2	50.4	47.8	54.5	54.5
28.9	30.0	38.9	52.3	37.6	31.7

(1)该路面平均照度为(　　)。

A. 38.8 lx　　B. 39.9 lx　　C. 42.3 lx　　D. 44.1 lx

(2)该路面照度均匀度为(　　)。

A. 0.66　　B. 0.68　　C. 0.72　　D. 0.74

(3)该路面照度纵向均匀度为(　　)。

A. 0.73　　B. 0.80　　C. 0.88　　D. 0.92

(4)该路面照度平均值为(　　)。

A. 合格　　B. 公路一级照明标准

C. 不合格　　D. 公路二级照明标准

(5)照度的测量方法为(　　)。

A. 在被测试路面上设定测点

B. 测量时将照度计的感光面平行于被测面

C. 测量时将照度计的感光面垂直于被测面

D. 测时避免测试者或其他的人或物遮挡照度计的光线

参考答案及解析

模拟试题一

一、单项选择题

1.【答案】A

【解析】见《标准化工作指南 第1部分:标准化和相关活动的通用术语》(GB/T 20000.1—2014)。

2.【答案】D

【解析】见《公路工程质量检验评定标准 第一册 土建工程》(JTG F80/1—2004)P5。

3.【答案】C

【解析】见考试用书P20。

4.【答案】B

【解析】一次封锁法要求每个事务必须一次将所有要使用的数据全部加锁,否则就不能继续执行。一次就将以后要用到的全部数据加锁,势必扩大了封锁的范围,从而降低了系统的并发度。降低并发度就意味着能保证不产生死锁。

5.【答案】A

【解析】交变盐雾试验实际上是中性盐雾试验加恒定湿热试验。它主要用于空腔型的整机产品。通过潮态环境的渗透,使盐雾腐蚀不但在产品表面产生,也在产品内部产生;是将产品在盐雾和湿热两种环境条件下交替转换,最后考核整机产品电性能和机械性能有无变化。

6.【答案】A

【解析】外观缺陷减分时,按减分最多的测点计算,不累加也不算平均值。

7.【答案】D

【解析】《道路交通标志板及支撑件》(GB/T 23827—2009)。

8.【答案】D

【解析】见考试用书P174。

9.【答案】A

【解析】见《道路交通反光膜》(GB/T 18833—2012)。

10.【答案】C

【解析】见《道路交通标志和标线》(GB 5768—2009)。

11.【答案】A

【解析】见考试用书 P219。

12.【答案】C

【解析】见《公路用防腐蚀粉末涂料及涂层 第1部分:通则》(JT/T 600.1—2004)。

13.【答案】B

【解析】见考试用书 P247。

14.【答案】B

【解析】见《波形梁钢护栏》(GB/T 31439.1—2015)。

15.【答案】A

【解析】见《隔离栅 第1部分:通则》(GB/T 26941.1—2011)P3。

16.【答案】C

【解析】见《隔离栅 第1部分:通则》(GB/T 26941.1—2011)P5。

17.【答案】B

【解析】见《隔离栅 第1部分:通则》(GB/T 26941.1—2011)P5。

18.【答案】C

【解析】见《防眩板》(GB/T 24718—2009)。

19.【答案】C

【解析】见《突起路标》(GB/T 24725—2009)。

20.【答案】C

【解析】见《轮廓标》(GB/T 24970—2010)P6。

21.【答案】C

【解析】见《公路用玻璃纤维增强塑料产品 第1部分:通则》(GB/T 24721.1—2009)P2。

22.【答案】C

【解析】见《公路工程质量检验评定标准 第二册 机电工程》(JTG F80/2—2004)之2.1。

23.【答案】C

【解析】见考试用书 P633。

24.【答案】B

【解析】基带传输时，通常对数字信号进行一定的编码，数据编码常用三种方法：非归零码 NRZ、曼彻斯特编码和差分曼彻斯特编码。后两种编码不含直流分量，包含时钟脉冲，便于双方自同步，因此，得到了广泛的应用。

25.【答案】B

【解析】记住 STM－1 的帧结构。

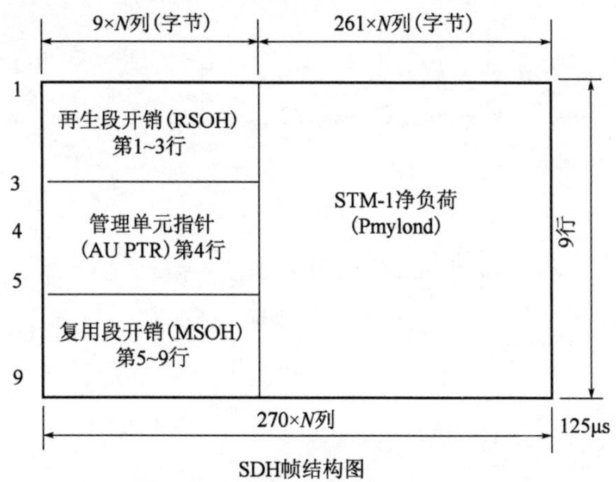

SDH帧结构图

26.【答案】C

【解析】资料源于某称重设备公司《称重车道改造方案》。

27.【答案】C

【解析】见《汽车号牌视频自动识别系统》(JT/T 604—2004)。

28.【答案】B

【解析】见《公路机电系统设备通用技术要求及检测方法》(JT/T 817—2011)之4.8.6。

29.【答案】C

【解析】电压的变化范围为 220V×(1±15%)，即 187～253V；一级路面维持照度值为 30 lx，新灯时照度为 30/0.7＝42.9 lx；综合二者选 C。

30.【答案】C

【解析】见考试用书 P633。

二、判断题

1.【答案】不正确

【解析】见考试用书 P21。

2.【答案】不正确

【解析】应将“漫反射”改为“全透射”。见考试用书 P25。

3.【答案】不正确

【解析】电磁兼容性(EMC)是指设备或系统在其电磁环境中符合要求运行,并不对其环境中的任何设备产生无法忍受的电磁干扰的能力。因此,EMC包括两个方面的要求:一方面是指设备在正常运行过程中对所在环境产生的电磁干扰不能超过一定的限值;另一方面是指器具对所在环境中存在的电磁干扰具有一定程度的抗扰度,即电磁敏感性。

4.【答案】不正确

【解析】见《公路工程质量检验评定标准 第一册 土建工程》(JTG F80/1—2004)条文说明之3.2.1。缺:“且无严重外观缺陷和质量保证资料真实并基本齐全时,才能对分项工程质量进行检验评定。”

5.【答案】正确

【解析】见《公路工程质量检验评定标准 第一册 土建工程》(JTG F80/1—2004)P5。

6.【答案】正确

【解析】6表示尘密防护;5表示防喷水。

7.【答案】正确

【解析】见考试用书P166。

8.【答案】正确

【解析】见《高速公路交通工程钢构件防腐技术条件》(GB/T 18226—2000)。

9.【答案】正确

【解析】见《道路交通反光膜》(GB/T 18833—2012)。

10.【答案】正确

【解析】见《道路交通标志和标线》(GB 5768—2009)。

11.【答案】正确

【解析】因含有玻璃珠。见考试用书P211。

12.【答案】正确

【解析】见《公路用防腐蚀粉末涂料及涂层 第1部分:通则》(JT/T 600.1—2004)。

13.【答案】正确

【解析】见考试用书P247。

14.【答案】正确

【解析】见考试用书P252。

15.【答案】正确

【解析】见《隔离栅 第1部分:通则》(GB/T 26941.1—2011)P4。

16.【答案】不正确

【解析】Ⅱ级适用于重工业、都市或沿海等腐蚀较严重地区。

17.【答案】正确

【解析】见《公路用复合隔离栅立柱》(JT/T 848—2013)。

18.【答案】正确

【解析】见考试用书P295。

19.【答案】正确

【解析】见《太阳能突起路标》(GB/T 19813—2005)。

20.【答案】正确

【解析】见《轮廓标》(GB/T 24970—2010)P7。

21.【答案】正确

【解析】见《公路用玻璃纤维增强塑料产品　第2部分:管箱》(GB/T 24721.2—2009)P2。

22.【答案】正确

【解析】湿敏聚合物是电容器中的介质,其介电系数与空气湿度相关,且线性度较好。

23.【答案】正确

【解析】标准值为300mV ±20mV。

24.【答案】正确

【解析】SDH以字节(每字节8比特)为单位进行传输,所以它的帧结构是以字节为基础的矩形块状帧结构,由270 × N列和9行的矩形字节组成。其在光纤上传输是成链传输,在光发端经并/串转换成链状结构进行传输,而在光收端经串/并转换还原成矩形块进行处理。

25.【答案】不正确

【解析】光纤熔接机上一般配置接头光纤成像系统,将光纤尺寸放大便于对接,同时采用光学的方法检查接头处的对接情况,对接头状态作简单的判断并对接头损耗作出粗略估计,而不是实际测量接头的损耗。

26.【答案】正确

【解析】见《电子收费　车载单元初始化设备》(GB/T 28969—2012)。

27.【答案】不正确

【解析】控制台属于收费站内设备,而不属于收费车道设备。

28.【答案】正确

【解析】不能漏掉"蓄电池",它既是通信系统的工作电源,又是其备用电源。

29.【答案】正确

【解析】见《公路照明技术条件》(GB/T 24969—2010)之5.3。

30.【答案】正确

【解析】见《公路隧道照明设计细则》(JTG/T D70/2-01—2014)。

三、多项选择题

1.【答案】ABCD

【解析】见考试用书 P26。

2.【答案】ACD

【解析】见考试用书 P26。

3.【答案】ABCD

【解析】见《计数抽样检验程序　按极限质量 LQ 检索的孤立批检验》(GB/T 15239—1994)。

4.【答案】ABCD

【解析】见《公路工程质量检验评定标准　第二册　机电工程》(JTG F80/2—2004)。

5.【答案】BCD

【解析】见考试用书 P167。

6.【答案】ABCD

【解析】见《道路交通反光膜》(GB/T 18833—2012)。

7.【答案】ABC

【解析】见考试用书 P199。

8.【答案】ABCD

【解析】见考试用书 P218。

9.【答案】ABCD

【解析】见《公路用防腐蚀粉末涂料及涂层　第 1 部分:通则》(JT/T 600.1—2004)。

10.【答案】CD

【解析】见考试用书 P247。

11.【答案】BD

【解析】见考试用书 P281。

12.【答案】ABC

【解析】见《太阳能突起路标》(GB/T 19813—2005)。

13.【答案】ABCD

【解析】见《轮廓标》(GB/T 24970—2010)P12。

14.【答案】ABCD

【解析】选项 D 中,L 为试样长度,单位为 m。见《地下通信管道用塑料》(YD/T 841.5—2008)P4。

15.【答案】ACD

【解析】见《环形线圈车辆检测器》(GB/T 26942—2011)。

16.【答案】ACD

【解析】利用光端发送器作光源并发送码型。

17.【答案】ABCD

【解析】见《公路工程质量检验评定标准 第二册 机电工程》(JTG F80/2—2004)之4.2。

18.【答案】ABD

【解析】C选项是干扰项。

19.【答案】ABCD

【解析】以上四个特性在电光源选型时必用。

20.【答案】ABCD

【解析】见《公路隧道通风设计细则》(JTG/T D70/2-02—2014)。

四、综合题

1.【答案】(1)ABCD (2)ABCD (3)ABCD (4)ABCD (5)B

【解析】(1)~(5)见《LED主动发光道路交通标志》(GB/T 31446—2015)。

2.【答案】(1)ABC (2)AC (3)ABD (4)C (5)B

【解析】(1)~(5)见《公路三波形梁钢护栏》(JT/T 457—2007)。

3.【答案】(1)A (2)B (3)ABCD (4)ABCD (5)ABCD

【解析】(1)~(5)见《隔离栅 第1部分:通则》(GB/T 26941.1—2011)P8。

4.【答案】(1)ABCD (2)ABC (3)ABCD (4)AB (5)ABC

【解析】(1)见《环形线圈车辆检测器》(GB/T 26942—2011)。注意此处绝缘电阻≥100MΩ,而《公路工程质量检验评定标准 第二册 机电工程》(JTG 80/2—2004)规定绝缘电阻≥50MΩ。

(2)、(3)见《环形线圈车辆检测器》(GB/T 26942—2011)。

(4)户外设备做振动试验时,在频率2~150Hz按GB/T 2423.10的方法试验。2Hz→9Hz→150Hz→9Hz→2Hz为一个循环,扫描速率为每分钟一个倍频程,共经历20个循环。其振幅控制为2Hz→9Hz按位移控制,位移幅值3.5mm,9Hz→150Hz按加速度控制,加速度为20m/s。

(5)非金属材料的机械力学性能保留率应大于90%。

5.【答案】(1)D (2)ABCD (3)A (4)ABC (5)ABCD

【解析】(1)~(5)见《高速公路联网收费暂行技术要求》(交公路发[2000]463号)。

模拟试题二

一、单项选择题

1.【答案】D

【解析】见规范条文1.0.2。

2.【答案】A

【解析】见考试用书P23。

3.【答案】C

【解析】要存储就要用硬件单元,而安排区域引导数据等就是软件的工作范围。

4.【答案】A

【解析】盐雾试验结果的表述有很多种方法,常用的表述方法为按腐蚀物的外观特征、按腐蚀百分比、按腐蚀率、按重量增减和按经验划分。

5.【答案】C

【解析】见《公路工程质量检验评定标准　第二册　机电工程》(JTG F80/2—2004)附件1。

6.【答案】C

【解析】见《公路工程质量检验评定标准　第二册　机电工程》(JTG F80/2—2004)。

7.【答案】B

【解析】见考试用书P175。

8.【答案】C

【解析】见考试用书P175。

9.【答案】A

【解析】见《道路交通反光膜》(GB/T 18833—2012)。

10.【答案】A

【解析】见《道路交通标线质量要求和检测方法》(GB/T 16311—2009)。

11.【答案】A

【解析】见考试用书P219。

12.【答案】B

【解析】见《公路用防腐蚀粉末涂料及涂层　第1部分:通则》(JT/T 600.1—2004)。

13.【答案】B

【解析】见考试用书P247。

14.【答案】B

【解析】见《波形梁钢护栏》(GB/T 31439.1—2015)。

15.【答案】C

【解析】见《隔离栅　第1部分:通则》(GB/T 26941.1—2011)P3。

16.【答案】C

【解析】见《隔离栅　第1部分:通则》(GB/T 26941.1—2011)P6。

17.【答案】B

【解析】就《隔离栅　第1部分:通则》(GB/T 26941.1—2011)P6。

18.【答案】C

【解析】见《防眩板》(GB/T 24718—2009)。

19.【答案】C

【解析】见《突起路标》(GB/T 24725—2009)。

20.【答案】C

【解析】见《轮廓标》(GB/T 24970—2010)P6。

21.【答案】D

【解析】见《公路用玻璃纤维增强塑料产品　第1部分:通则》(GB/T 24721.1—2009)P3。

22.【答案】D

【解析】利用软件在显示屏上对应的车道位置放置虚拟的线圈。

23.【答案】D

【解析】A属消防,B、C属气象,选D。

24.【答案】B

【解析】SDH也称同步数字体系,是一整套传送网的国际标准。

25.【答案】B

【解析】STM-1时为第1行第10列;STM-*N*时为第1行第10*N*列。

26.【答案】B

【解析】见《汽车号牌视频自动识别系统》(JT/T 604—2004)。

27.【答案】B

【解析】见《公路工程质量检验评定标准　第二册　机电工程》(JTG F80/2—2004)之4.2.2。

28.【答案】B

【解析】见《公路工程质量检验评定标准　第二册　机电工程》(JTG F80/2—2004)之5.2

29.【答案】A

【解析】见考试用书 P600。

30.【答案】C

【解析】见《公路工程质量检验评定标准 第二册 机电工程》(JTG F80/2—2004)之7.6。

二、判断题

1.【答案】不正确

【解析】见考试用书 P22。

2.【答案】正确

【解析】见考试用书 P26。

3.【答案】正确

【解析】电磁干扰有传导干扰和辐射干扰两种。传导干扰主要是电子设备产生的干扰信号通过导电介质或公共电源线互相产生干扰;辐射干扰是指电子设备产生的干扰信号通过空间耦合把干扰信号传给另一个电网络或电子设备。

4.【答案】不正确

【解析】机电工程实测关键项目的合格率要求达到100%。

5.【答案】正确

【解析】见《公路工程质量检验评定标准 第一册 土建工程》(JTG F80/1—2004)P142。

6.【答案】正确

【解析】超声测试仪检测前,必须用探头测量校准试块自校。

7.【答案】正确

【解析】见《高速公路交通工程钢构件防腐技术条件》(GB/T 18226—2000)。

8.【答案】正确

【解析】见《安全色》(GB 2893—2008)表2。

9.【答案】正确

【解析】见《道路交通反光膜》(GB/T 18833—2012)。

10.【答案】不正确

【解析】应为:坎德拉每平方米每勒克斯。

11.【答案】正确

【解析】见《路面标线涂料》(JT/T 280—2004)。

12.【答案】正确

【解析】见《公路用防腐蚀粉末涂料及涂层 第1部分:通则》(JT/T 600.1—2004)。

13.【答案】正确

【解析】见考试用书 P247。

14.【答案】正确

【解析】《波形梁钢护栏》(GB/T 31439.2—2015)。

15.【答案】正确

【解析】见《公路用复合隔离栅立柱》(JT/T 848—2013)。

16.【答案】正确

【解析】见《公路用复合隔离栅立柱》(JT/T 848—2013)。

17.【答案】不正确

【解析】还包括网面平整度。见《隔离栅　第 6 部分:钢板网》(GB/T 26941.6—2011)。

18.【答案】不正确

【解析】应为≥26%。见《防眩板》(GB/T 24718—2009)。

19.【答案】正确

【解析】见《太阳能突起路标》(GB/T 19813—2005)。

20.【答案】正确

【解析】见《轮廓标》(GB/T 24970—2010)P7。

21.【答案】正确

【解析】见《高密度聚乙烯硅芯管》(GB/T 24456—2009)P3。

22.【答案】不正确

【解析】监控室内的噪声应控制在 70dB(A)以内。

23.【答案】不正确

【解析】标准值为 <7% KF。

24.【答案】正确

【解析】横向第(1 ~9)×N 列,纵向第 1 ~3 行(再生段开销)和第 5 ~9 行(复用段开销)分配给段开销。段开销丰富便于利用软件进行控制和管理 SDH 设备。

25.【答案】不正确

【解析】单模光纤接头损耗平均值≤0.1dB。

26.【答案】不正确

【解析】网络安全是指网络系统的硬件、软件及系统中的数据受到保护,不因偶然的或者恶意的原因而遭到破坏、更改、泄露,系统可以连续可靠正常地运行,网络服务不被中断。网络病毒侵害只是网络安全的一个方面。

27.【答案】正确

【解析】见《公路工程质量检验评定标准　第二册　机电工程》(JTG F80/2—2004)之4.5.2。

28.【答案】正确

【解析】见《公路工程质量检验评定标准　第二册　机电工程》(JTG F80/2—2004)之5.1。

29.【答案】正确

【解析】见《公路照明技术条件》(GB/T 24969—2010)之5.3。

30.【答案】正确

【解析】见《公路隧道通风照明设计细则》(JTG/T D70/2-01—2014)。

三、多项选择题

1.【答案】AD

【解析】见考试用书P21。

2.【答案】ABCD

【解析】见考试用书P7。

3.【答案】ACD

【解析】见考试用书P30。

4.【答案】ABC

【解析】见《公路工程质量检验评定标准　第一册　土建工程》(JTG F80/1—2004)P5。

5.【答案】ABD

【解析】见考试用书P168。

6.【答案】ABCD

【解析】见《道路交通反光膜》(GB/T 18833—2012)。

7.【答案】ABCD

【解析】见《道路交通标线质量要求和检测方法》(GB/T 16311—2009)P3。

8.【答案】ABC

【解析】见考试用书P221。

9.【答案】BD

【解析】见《公路用防腐蚀粉末涂料及涂层　第1部分:通则》(JT/T 600.1—2004)。

10.【答案】BC

【解析】见考试用书P250。

11.【答案】ABCD

【解析】见《隔离栅 第1部分:通则》(GB/T 26941.1—2011)。

12.【答案】BC

【解析】见《突起路标》(GB/T 24725—2009)。

13.【答案】BC

【解析】见《轮廓标》(GB/T 24970—2010)P5。

14.【答案】ABCD

【解析】见《公路用玻璃纤维增强塑料产品 第1部分:通则》(GB/T 24721.1—2009)P4。

15.【答案】ABC

【解析】见考试用书P443。

16.【答案】AB

【解析】保护倒换功能指工作环路故障或大误码时自动倒换到备用线路的功能。接通率是程控机的指标,不属于光纤数字传输系统。

17.【答案】ABCD

【解析】见《高速公路联网收费暂行技术要求》(交公路发[2000]463号)。

18.【答案】ABC

【解析】选项D是干扰项。

19.【答案】ABC

【解析】选项A:采用截光型或半截光型灯具,实现好的诱导性及防眩光;选项B:选高压钠灯光效高相应也节能。安装尺寸不是主要考虑因素。

20.【答案】BCD

【解析】见《公路隧道照明设计细则》(JTG/T D70/2-01—2014)。

四、综合题

1.【答案】(1)CD (2)C (3)C (4)A (5)BD

【解析】(1)~(3)见《道路交通反光膜》(GB/T 18833—2012)P8。

(4)见考试用书P116。

(5)方法1——在《道路交通反光膜》(GB/T 18833—2012)图3中找(0.310,0.320)点,落在白色区域,则色品坐标合格。

方法2——解析法。查《道路交通反光膜》(GB/T 18833—2012)表8,得P_1(0.350,0.360);P_2(0.305,0.315);P_3(0.295,0.325);P_4(0.340,0.370)。P_1、P_2组成有效区域的下线,其方程为$y=0.22x+0.247$;P_3、P_4组成有效区域的上线,其方程为$y=x+0.030$;将测试值($X_C=0.310,Y_C=0.325$)的X_C值代入下线方程,得$Y=0.305<Y_C=0.320$,将测试值($X_C=$

0.305,Y_C=0.335)的 X_C 值代入上线方程,得 Y=0.340 > Y_C=0.320,所以点(0.310,0.320)在白色区域。查规范表8,亮度因数≥0.27,故亮度因数合格。

2.【答案】(1)ABCD (2)ABCD (3)ABD (4)ABD (5)ABCD

【解析】(1)~(5)见考试用书P269。

3.【答案】(1)ABCD (2)ABCD (3)AD (4)ABCD (5)D

【解析】(1)~(5)见《太阳能突起路标》(GB/T 19813—2005)P8。

4.【答案】(1)ABC (2)ABD (3)A (4)C (5)C

【解析】(1)除耐候性能测试外,其他试验无人工加速老化条件。

(2)主观测试项目,测试人员应不少于3人。

(3)见《环形线圈车辆检测器》(GB/T 26942—2011)。

(4)见《环形线圈车辆检测器》(GB/T 26942—2011)。具体如下:

$$v_{ri} = |v_i - v_{i0}| / v_{i0} \times 100\%$$

式中:v_{ri}——每辆车的车速相对误差;

v_i——每辆车瞬时车速的检测器测量值(km/h);

v_{i0}——每辆车瞬时车速的雷达测速仪测量值(km/h)。

(5)见《环形线圈车辆检测器》(GB/T 26942—2011)。取样数量应为50辆车次才够,上例仅10个取样数,故不能判定合格与否。

5.【答案】(1)ABC (2)ABCD (3)BC (4)ABCD (5)ABCD

【解析】(1)M_e-设备富余度。见考试用书P512-513。

(2)~(5)见考试用书P517-518。

模拟试题三

一、单项选择题

1.【答案】C

【解析】《公路交通安全设施设计规范》(JTG D81—2006)。

2.【答案】D

【解析】见考试用书P23。

3.【答案】D

【解析】高级语言编写的程序可移植性强。

4.【答案】C

【解析】《公路工程质量检验评定标准 第一册 土建工程》(JTG F80/1—2004)P2。

5.【答案】A

【解析】见《环境试验 第2部分:试验方法 试验Kb:盐雾,交变(氯化钠溶液)》(GB/T 2423.18—2012)。

6.【答案】C

【解析】见《公路工程质量检验评定标准 第二册 机电工程》(JTG F80/2—2004)之表3.3.1。

7.【答案】D

【解析】《道路交通反光膜》(GB/T 18833—2012)。

8.【答案】C

【解析】见《安全色》(GB 2893—2008)表2。

9.【答案】C

【解析】见《LED主动发光道路交通标志》(GB/T 31446—2015)。

10.【答案】C

【解析】见《道路交通标线质量要求和检测方法》(GB/T 16311—2009)。

11.【答案】D

【解析】见《路面标线用玻璃珠》(GB/T 24722—2009)。

12.【答案】C

【解析】见《公路用防腐蚀粉末涂料及涂层 第1部分:通则》(JT/T 600.1—2004)。

13.【答案】B

【解析】见考试用书P247。

14.【答案】D

【解析】见《波形梁钢护栏》(GB/T 31439.1—2015)。

15.【答案】B

【解析】见《隔离栅 第1部分:通则》(GB/T 26941.1—2011)P3。

16.【答案】C

【解析】见《隔离栅 第1部分:通则》(GB/T 26941.1—2011)P6。

17.【答案】C

【解析】见《隔离栅 第1部分:通则》(GB/T 26941.1—2011)P7。

18.【答案】B

【解析】见《防眩板》(GB/T 24718—2009)。

19.【答案】B

【解析】见《突起路标》(GB/T 24725—2009)。

20.【答案】C

【解析】见《轮廓标》(GB/T 24970—2010)P6。

21.【答案】C

【解析】见《公路用玻璃纤维增强塑料产品　第2部分:管箱》(GB/T 24721.2—2009)P2。

22.【答案】C

【解析】绝对误差为精度和量程的乘积。

23.【答案】C

【解析】见《公路工程质量检验评定标准　第二册　机电工程》(JTG F80/2—2004)之2.2。

24.【答案】B

【解析】同步数字体系信号最重要的基本模块信号是STM-1,其速率是155.520Mb/s,相应的光接口线路信号只是STM-1信号经过扰码后的电/光转换的结果,因而其速率不变。更高等级的STM-N信号是将基本模块信号STM-1按同步复用,经字节间插后的结果,其中N是正整数。目前SDH只能支持一定的N值,即N只能为1、4、16、64和256。

25.【答案】C

【解析】映射过程为C-12 $\longrightarrow$ VC-12 $\longrightarrow$ TU-12 $\xrightarrow{\times 3}$ TUG-2 $\xrightarrow{\times 7}$ TUG-3 $\xrightarrow{\times 3}$ VC-4。传送路数 $=3\times 7\times 3=63$(STM-1状态,在高位时再乘以N)。

26.【答案】B

【解析】见《公路工程质量检验评定标准　第二册　机电工程》(JTG F80/2—2004)之4.2.2。

27.【答案】A

【解析】见《公路工程质量检验评定标准　第二册　机电工程》(JTG F80/2—2004)之4.2.2。

28.【答案】A

【解析】见《公路工程质量检验评定标准　第二册　机电工程》(JTG F80/2—2004)之5.2。

29.【答案】C

【解析】见《升降式高杆照明装置》(GB/T 26943—2011)。每一测区3个测点。

30.【答案】C

【解析】见《公路工程质量检验评定标准　第二册　机电工程》(JTG F80/2—2004)之7.6。

二、判断题

1.【答案】正确

【解析】见考试用书P22。

2.【答案】正确

【解析】见《逆反射术语》(JT/T 688—2007)。

3.【答案】不正确

【解析】称重判定是通过对腐蚀试验前后样品的重量进行称重的方法,计算出受腐蚀损失的重量来对样品耐腐蚀质量进行评判,它特别适用于对某种金属耐腐蚀质量进行考核。

4.【答案】不正确

【解析】见《公路工程质量检验评定标准 第一册 土建工程》(JTG F80/1—2004)。分项工程评分值=分项工程得分-外观缺陷减分-资料不全减分。

5.【答案】正确

【解析】见《公路工程质量检验评定标准 第一册 土建工程》(JTG F80/1—2004)P142。

6.【答案】正确

【解析】见《公路工程质量检验评定标准 第二册 机电工程》(JTG F80/2—2004)之6.0.2。

7.【答案】正确

【解析】见《高速公路交通工程钢构件防腐技术条件》(GB/T 18226—2000)。

8.【答案】不正确

【解析】应为≤0.03。见《安全色》(GB 2893—2008)表2。

9.【答案】不正确

【解析】应为棕色。见《道路交通反光膜》(GB/T 18833—2012)。

10.【答案】正确

【解析】见《道路交通标线质量要求和检测方法》(GB/T 16311—2009)。

11.【答案】不正确

【解析】成正比。见《路面标线涂料》(JT/T 280—2004)。

12.【答案】正确

【解析】见《公路用防腐蚀粉末涂料及涂层 第1部分:通则》(JT/T 600.1—2004)。

13.【答案】正确

【解析】见考试用书P181。

14.【答案】正确

【解析】见《波形梁钢护栏》(GB/T 31439.2—2015)。

15.【答案】正确

【解析】见《隔离栅　第1部分:通则》(GB/T 26941.1—2011)P5。

16.【答案】不正确

【解析】钢丝直径越粗,其涂塑层越厚。

17.【答案】正确

【解析】见《隔离栅　第6部分:钢板网》(GB/T 26941.6—2011)。

18.【答案】正确

【解析】见《防眩板》(GB/T 24718—2009)。

19.【答案】正确

【解析】见《太阳能突起路标》(GB/T 19813—2005)P4。

20.【答案】正确

【解析】见《轮廓标》(GB/T 24970—2010)P12。

21.【答案】不正确

【解析】应为≤0.363。见《公路用玻璃纤维增强塑料产品　第2部分:管箱》(GB/T 24721.2—2009)P2。

22.【答案】正确

【解析】标准值为700mV±30mV,若不发送75%彩条信号而用100%彩条信号,所测电平值在1000mV左右,可能导致误判。

23.【答案】正确

【解析】见《公路工程质量检验评定标准　第二册　机电工程》(JTG F80/2—2004)之2.3。

24.【答案】正确

【解析】见《光同步数字传输系统测试》(2001修订版)之1.3.3。

25.【答案】不正确

【解析】光纤是各向不同性物质,应在两个方向测试后取平均值。《公路工程质量检验评定标准　第二册　机电工程》(JTG F80/2—2004)中规定,单模光纤接头损耗平均值≤0.1dB。平均值不是所有接头的平均值,是同一个接头从两个方向测试的平均值。

26.【答案】正确

【解析】见《高速公路联网收费暂行技术要求》(交公路发[2000]463号)。

27.【答案】正确

【解析】见《高速公路联网收费暂行技术要求》(交公路发[2000]463号)。

28.【答案】正确

【解析】见考试用书 P591。

29.【答案】正确

【解析】相同的照度在不同路面亮度是不一样的，如 30 lx 的照度在沥青混凝土路面产生的亮度为 2.0cd，而在水泥混凝土路面产生的亮度为 2.6cd。所以亮度要求宜优先符合。

30.【答案】不正确

【解析】应为不低于 IP65。见《公路隧道照明设计细则》(JTG/T D70/2-01—2014)。

三、多项选择题

1.【答案】ACD

【解析】见考试用书 P25。

2.【答案】ABCD

【解析】见《标准化工作指南　第 1 部分：标准化和相关活动的通用术语》(GB/T 20000.1—2014)。

3.【答案】ABCD

【解析】见《公路工程质量检验评定标准　第一册　土建工程》(JTG F80/1—2004)P3。

4.【答案】ACD

【解析】见考试用书 P20。

5.【答案】ABCD

【解析】见《LED 主动发光道路交通标志》(GB/T 31446—2015)。

6.【答案】ABC

【解析】见《道路交通反光膜》(GB/T 18833—2012)P5。

7.【答案】ACD

【解析】见考试用书 P210。

8.【答案】ABCD

【解析】见考试用书 P219。

9.【答案】ABC

【解析】见《公路用防腐蚀粉末涂料及涂层　第 1 部分：通则》(JT/T 600.1—2004)。

10.【答案】ACD

【解析】见考试用书 P252。

11.【答案】BCD

【解析】选项 A 应为 $\phi \leq 1.8$mm 钢丝：0.25mm。见《隔离栅　第 1 部分：通则》(GB/T 26941.1—2011)P5。

12.【答案】ABCD

【解析】见《太阳能突起路标》(GB/T 19813—2005)P6。

13.【答案】ABCD

【解析】见《轮廓标》(GB/T 24970—2010)P12。

14.【答案】ABCD

【解析】见《公路用玻璃纤维增强塑料产品　第1部分:通则》(GB/T 24721.1—2009)P4。

15.【答案】ABCD

【解析】以上4种都是光纤通信常用的波长。这也是光纤的4个低损耗窗口。

16.【答案】ABCD

【解析】见《公路工程质量检验评定标准　第二册　机电工程》(JTG F80/2—2004)P16。

17.【答案】ABCD

【解析】选项A:不开放不能联网;选项B:公路联网收费计算机网络系统(车道级、站级、分中心级)是倒树形(树状星形拓扑结构);选项C:TCP/IP(传输控制协议/网间协议)是一种网络通信协议,它规范了网络上的所有通信设备,尤其是一个主机与另一个主机之间的数据往来格式以及传送方式,无C在网络上寸步难行;选项D是信道,没有它数据无路可走。

18.【答案】ABD

【解析】选项C属破坏性试验,在现场检测中不用。《公路工程质量检验评定标准　第二册　机电工程》(JTG F80/2—2004)中也无此指标。

19.【答案】ABCD

【解析】见考试用书P606。

20.【答案】ABC

【解析】别的一般路段或匝道控制方式也有交通信号控制。

四、综合题

1.【答案】(1)A　(2)AC　(3)AC　(4)B　(5)ACD

【解析】(1)~(5)见《路面标线涂料》(JT/T 280—2004)表3。

2.【答案】(1)AC　(2)ACD　(3)ACD　(4)BD　(5)ABC

【解析】(1)钢质基底有其他防护层包含在金属防护层基底中。见《公路用防腐蚀粉末涂料及涂层　第1部分:通则》(JT/T 600.1—2004)。

(2)~(4)见《公路用防腐蚀粉末涂料及涂层　第1部分:通则》(JT/T 600.1—2004)。

(5)见考试用书P394。

3.【答案】(1)AD　(2)ABCD　(3)ABC　(4)ABCD　(5)AB

【解析】(1)~(5)见《轮廓标》(GB/T 24970—2010)P11。

4.【答案】(1)C　(2)BCD　(3)ABCD　(4)BCD　(5)BCD

【解析】(1)~(5)见考试用书 P494-498。

5.【答案】(1)C　(2)B　(3)C　(4)AB　(5)ABD

【解析】(1)$E_{av} = \sum E/18 = 761.4/18 = 42.3$(lx)。

(2)$U_0 = E_{min}/E_{av} = 28.9/42.3 = 0.68$。

(3)$U = E_{min}/E_{max} = 47.8/54.5 = 0.88$。

(4)见《公路照明技术条件》(GB/T 24969—2010)。

(5)见《照明测量方法》(GB/T 5700—2008)。